배당성장주 투자
불변의 법칙

배당성장주 투자
불변의 법칙

1판 1쇄 인쇄 2025년 3월 24일
1판 1쇄 발행 2025년 4월 1일

지은이 | 현영준
발행인 | 김형준

책임편집 | 허양기, 박시현
디자인 | 이향란
온라인 홍보 | 허한아
마케팅 | 성현서, 진선재

발행처 | 체인지업북스
출판등록 | 2021년 1월 5일 제2021-000003호
주소 | 경기도 고양시 덕양구 원흥동 705, 306호
전화 | 02-6956-8977
팩스 | 02-6499-8977
이메일 | change-up20@naver.com
홈페이지 | www.changeuplibro.com

ISBN 979-11-91378-69-6 13320

체인지업북스는 내 삶을 변화시키는 책을 펴냅니다.

배당 성장주 투자 불변의 법칙

현영준(한라산불곰) 지음

일하지 않아도 자산의 눈덩이가
불어나는 배당성장주 은퇴 공식
**"한 분기에 월세를, 일 년 만에
월급을, 결국엔 연봉까지!"**

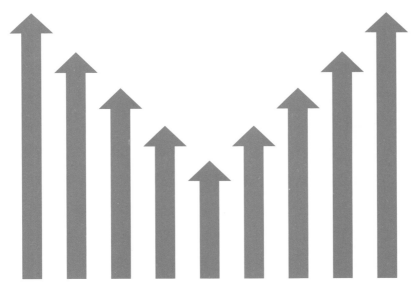

체인지업
CHANGEUP

진짜 수익은
스스로 정한 목표와
계획에서 나온다

　노후에 억지로 힘들게 일하지 않고 즐겁고 편안하게 생활하는 것. 회사를 최대한 빨리 퇴사하고 자신이 원하는 일을 하며 사는 것. 모든 사람이 꿈꾸는 미래일 것이다. 그러한 꿈을 이루기 위해 오늘도 많은 사람들이 저마다의 방법으로 노력하고 있다. 개중 가장 많은 선택을 받는 것은 역시 주식투자일 것이다. 접근하기도 쉽고, 최근 많은 운용사에서 매력적인 상품을 내놓았으니 말이다.

　그런데 문제는 대부분 도박이나 투기 같은 투자를 한다는 것이다. 미국 주식시장의 3배 레버리지와 인버스 ETF 상품 투자자 중 우리나라 사람들의 비율이 50%를 넘어선 것도 있다. 또 테마주처럼 급등하는 개별주식에 큰돈을 투자하기도 한다. FIRE라는 목표를 빨리 달성하고 싶은 욕심 때문이다. '주식의 본질은 무엇이고 어떻게 분석하고 투자해야 하는지?' 같은 진지한 고민과 공부는 없다. 그 결과, 대부분 수익은커녕 원금

마저 잃고 "에이, 다시는 주식투자 안 해!"라고 외치곤 한다. 그러다 대세 상승장에서 너도나도 돈을 벌었다는 얘기를 들으면 다시 위험한 투자를 시작하고 또 큰 손실과 함께 후회한다. 이러한 패턴이 계속 반복된다.

　나도 다르지 않았다. 2005년 첫 사회생활로 얻은 월급부터 꾸준히 펀드와 주식에 투자했다. 열심히 일하고 절약해서 투자를 이어갔지만 10년 동안 1억 원의 시드머니를 모으는 데 그쳤다. 물가 상승이나 다른 기회비용을 따져보면 오히려 원금을 까먹은 셈이다.

　사실, 지금 생각하면 그 정도 손실에 그친 것만 해도 천만다행이다. 주변에 주식을 잘한다는 누군가, 혹은 방송에 나온 전문가가 좋다고 말하는 주식에 투자했었기 때문이다. 제대로 된 공부도 없이 단기간에 큰 차익을 바라는 투기성 짙은 투자였고, 결국 2007년~2008년 '서브프라임 모기지 사태'를 맞아 원금의 절반 이상을 잃어야 했다. 그 시기엔 공포감에 잠을 이루지 못할 정도였지만 이후에도 주식시장을 드나들었다. 지금 생각하면 도박판을 어슬렁거리며 한탕 해보려는 초기 도박 중독자의 모습과 비슷했다.

　그러다 2015년, 우연히 1억 원의 시드머니에서 460만 원 정도 배당금이 생겼다. 이때 처음으로 배당금의 중요성을 느끼고 배당주에 집중하게 되었다. 그런데 배당주에 투자할수록 시세차익보다 배당금을 먼저 확보하는 것이 개인투자자에게 이롭다는 것을 깨닫게 되었다. 그리고 당장 많은 배당금보다 실적과 배당금이 안정적으로 함께 성장하는 주식이 진짜 가치 있다는 것도 말이다. 이것이 바로 '배당성장주'다.

　본격적으로 배당성장주를 공부하며 투자하니 2018년부터 자산이 급격히 늘기 시작했다. 그리고 2024년 말 현재, 20억 원 이상의 시드머니와 1억 원이 넘는 연간 배당금을 받고 있다. 충분히 은퇴를 생각할 수 있을 만큼 성장한 것이다. 물론 운도 따라줬기에 가능했다. 운칠기삼! 하지만 열심히 일하고 아껴서 꾸준히 좋은 배당성장주에 투자하지 않았다면? 아무리 운이 좋더라도 이런 결과를 얻진 못했을 것이다.

이 책은 사회초년생들부터 은퇴를 앞두거나 이미 은퇴한 분들까지 활용할 수 있도록 바로 적용할 수 있는 배당성장주 투자 방법과 포트폴리오 관리 방법, 여러 사례들을 정리했다.

모아둔 자산이 없더라도 이제 막 직장생활을 시작해 고정적인 현금흐름이 발생하는 사회초년생이라면? 하루라도 빠르게 배당성장주 투자를 이해하고 실천할수록 더 좋은 결과를 만들 수 있다. 조금 지루하더라도 안정적으로 자산을 키우다 보면, 어느 순간 '이제 은퇴해도 괜찮겠다.' 혹은 '이제 내가 진짜 하고 싶은 일을 해도 되겠네!'라는 생각이 들 때 더 다양한 선택을 할 수 있다. 내가 그랬다.

은퇴를 앞두고 있거나 이미 은퇴한 투자자라면? 지금까지 힘들게 모아온 자산으로 여생을 안정적이고 여유롭게 보내고 싶다면? 역시 배당성장주는 하나의 좋은 옵션이 될 수 있다. 처음부터 목돈을 투자할 수 있는 만큼 안정적인 배당과 함께 자산의 가치도 더 많이 늘릴 수 있다.

내가 추구해 온 배당성장주 투자를 아낌없이 공유해도 대부분은 관심이 없다. 이미 어떤 방식으로든 투자하고 있는 사람들조차 그랬다. 초고배당주나 암호화폐, 옵션처럼 정말 위험하지만 짧은 시간 안에 큰 수익을 낸 사례들을 알고 있고, 좋기 때문이다. 그런데 몇 %의 수익을 위해 몇 년을 기다려야 한다는 것이 눈에 찰 리가 없다.

관심을 가진 나머지 10%도 제대로 이해하기 어려워했다. 보통 배당금을 많이 주는 고배당주에 투자하면 되지 않냐며 되물었다. 처음에는 배당성장주의 개념을 이해하기 힘들어하는 상대방과 이해시키지 못한 나에게 실망했다. 그런데 수년 동안의 공부와 경험을 간단하게 알려주는 것은 서로에게 힘든 일이란 걸 깨달았다.

그래서 나만의 배당성장주 투자 방법을 체계적으로 정리해 책에 담기로 결심했다. 처음에는 개념이나 투자 방법이 익숙하지 않을 수도 있다. 하지만 결코 어려운 것이 아니다. 단지 그동안 시도하지 않아 어색할 뿐이다. 시간 날 때마다 틈틈이 이 책으로 공부한다면 어느새 배당성장주 투자가 익숙해져 있을 것이다.

물론, '투자도 공부해야 하는 거야?'라고 생각할 수 있다. 하지만 이 공부는 대학이나 직장에 들어가기 위한 공부보다 더 효율적이고 우리의 삶에 직접적으로 도움이 된다. 수백만 원에서 수억 원의 돈을 투자할 텐데 그 정도는 공부해야 하지 않을까? 이 정도의 노력도 없이 주식투자로 돈을 벌기를 원하는 것은 과욕이다.

내가 제안하는 배당성장주 투자 방법이 유일한 정답은 아니다. 투자자들 각자의 투자 목표와 환경은 모두 다르니 말이다. 나 역시 지금까진 좋은 결과를 냈지만, 언제까지고 좋은 결과를 낼 수 있다며 확언하긴 힘들다. 그렇기에 사회와 산업이 빠르게 변하는 만큼 매일 공부하고 투자하며 포트폴리오와 투자 방법을 다듬고 있다. 좋은 결과를 얻을 확률을 높이기 위해서다.

배당성장주 투자는 수학으로 치면 정석이라 생각한다. 고리타분해 보일지 몰라도 잘 이해하고 적용하면 함정에 빠져 큰 자산을 잃는 위험을 줄일 수 있다. 그리고 빠르게 변하는 사회와 산업 환경, 자신의 환경과 상황에 알맞은 투자 포트폴리오와 함께 꾸준히 자산과 현금흐름을 늘려갈 수 있을 것이다.

출간을 제안하고 독자분들에게 내용이 잘 전달될 수 있도록 세심하게 편집해 준 허양기 편집자, 그리고 김형준 대표를 비롯한 체인지업북스 가족들의 지원과 헌신에 진심으로 감사드린다.

마지막으로 이 책이 나오기까지 옆에서 많은 힘이 되어준 사랑하는 아내와 서연이, 서하. 언제나 나의 롤모델과 든든한 지원군이 되어주는 아버지와 누나. 그리고 하늘나라에서 이 책의 출간을 누구보다 기뻐하고 계실 어머니께 감사드리며 이 책을 바친다

CONTENTS

2부　　　　　　　　　　　　　　배당성장주 제대로 분석하기

5부 **꼭 알아야 할 주식투자 마인드와 꿀팁**

1장

배당성장주 투자
제대로 시작하기

지금 배당성장주에
주목해야 하는 이유

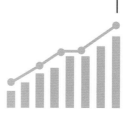

워런 버핏의 무기는 시간과 배당성장주였다

뛰어난 투자실력으로 '오마하의 현인'으로 불리는 워런 버핏. 그는 200조 원의 자산을 보유해 세계 7번째 부자로 선정되기도 했다. (2024년 7월 포브스 기준) 참고로 삼성 이재용 회장의 자산이 12조 원 정도로 추정되니 약 18배나 더 부자인 셈이다. 이런 버핏의 연평균 투자 수익률은 몇 %일까?

주식투자만으로 전 세계에서 손꼽히는 부자가 되었으니 50%부터 100%, 어쩌면 1,000% 이상이라고 생각할 수도 있다. 유튜브나 주식 관련 커뮤니티에서 단기간에 수십%에서 많게는 수백, 수천%의 수익을 냈다는 자극적인 사례를 종종 듣게 되니 말이다. 어쩌면 '버핏처럼 최고의 투자자라면 그 이상의 수익을 내지 않았을까?'라는 생각이 들 수도 있다.

하지만 버핏의 연평균 투자 수익률은 19.8% 정도라고 한다. 그는 어떻게 20%도 안 되는 연평균 수익률로 세계 최고의 부자가 될 수 있었을까?

금수저가 아닌 버핏이 연평균 20% 정도의 수익률로 세계 최고의 부자가 될 수 있었던 첫 번째 요인은 시간이다. 그의 아버지는 사업가이자 정치인이었지만 많은 재산을 가진 부호는 아니었다. 다만 버핏이 아주 어릴 때부터 주식투자와 사업의 중요성을 알려주었다. 이 때문에 버핏은 11살에 주식투자를 시작해 94세인 현재까지도 주식투자를 하고 있다. 무려 80년 넘게 투자하고 있는 셈이다. 그런데 버핏의 자산 중 90% 이상은 버핏이 투자를 시작하고 54년이 지난 65세 이후에 만들어졌다.

버핏의 자산이 기하급수적으로 늘어난 이유는 간단하다. '복리의 마법' 덕분이다. 투자에 관심이 있다면 잘 알겠지만, 복리는 원금과 이전에 발생한 이자(수익)에 이자(수익)를 더해주는 것이다. 그런데 버핏은 10살 때 '연 10% 수익률이 복리로 적용되면, 원금은 10년 후 2.6배, 50년 후에는 무려 117배가 된다.'라는 사실을 알고 놀랐다고 한다. 수익을 꾸준히 재투자하면 복리 효과가 발생하고, 여기에 긴 시간을 더하면 수익이 엄청나게 커진다는 것을 어린 나이에 깨달은 것이다.

1,000만 원을 투자해 매년 10%의 이자를 받는다고 생각해보자. 만약 그 이자를 계속 다른 곳에 사용하면 우리는 10년 동안 1,000만 원만 받을 것이다. 그런데 만약 이자를 다시 저축한다면? 첫해의 이자는 100만 원이었겠지만, 내년에는 110만 원을 받을 수 있다. 첫해의 이자 100만 원을 재투자해 투자금이 1,100만 원이 되었기 때문이다. 이렇게 약 7년이 지나면 투자금이 2배로 늘어난 것을 볼 수 있다.

이것을 72의 법칙이라고하며, 복리가 적용되었을 때 자산이 2배로 늘

(단위: $)

110.6B

91B

58.5B

36B

17B

1.4B 2.3B 3.8B

| 5K | 6K | 10K | 20K | 26K | 1M | 2.4M | 7M | 10M | 25M | 34M | 19M | 67M | 376M | 620M | | | | | |

| 14 | 15 | 19 | 21 | 26 | 30 | 33 | 35 | 37 | 39 | 43 | 44 | 47 | 52 | 53 | 56 | 58 | 59 | 66 | 72 | 83 | 91 | 92 |

(나이)

(* K는 천, M는 백만, B는 10억을 의미함)   출처: Leverage Share

어나는 시간을 쉽게 구할 수 있다. 72라는 숫자를 매년 발생하는 수익률로 나누어주면 끝난다. 만약 연 5%의 수익률이라면, 72/5=14.4가 된다. 즉 매년 5% 수익률이 복리로 적용되면, 원금이 2배가 될 때까지 14.4년이 걸리는 것이다.

만약 당신이 버핏처럼 연평균 20%의 수익률을 꾸준히 거둔다면? 3.6년마다 원금이 2배로 불어난다. 대략 7년마다 4배, 14년 후 16배, 21년 후 32배, 28년 후 128배가 되는 것이다. 만약 1억 원을 투자했다면 28년 뒤 128억 원이 된다. 30세에 시작하더라도 58세에 128억 원을 보유한 부자가 되는 것이다. 파이어족으로서 충분히 노후를 여유롭게 즐길 수 있는 수준이 된다.

버핏의 두 번째 성공 요인은 바로 '배당성장주'였다. 그가 투자한 회사 대부분은 안정적인 비즈니스를 기반으로 실적이 좋아지고, 이에 따라 배당금도 계속 커지는 곳들이었다. 대표적으로 코카콜라와 애플이 있다. 버핏이 코카콜라에 처음 투자를 시작한 것이 1988년이었다. 당시 코카콜라 주가는 2달러 중반대였는데, 지금은 코카콜라의 연간 배당금만 2달러에 육박한다. 즉, 1988년 코카콜라에 1억 원을 투자했다면, 지금은 배당금으로만 연 1억 원을 받는 셈이다. 또 현재 코카콜라의 주가는 $70에 육박해 1988년보다 3,000% 가까이 상승했다. 회사의 실적과 배당금이 꾸준히 성장하면서 주가도 그에 맞추어 자연스럽게 상승했기 때문이다.

애플도 버핏의 자산을 끌어올린 일등공신이다. 그는 2016년부터 애플에 대규모 투자를 시작했는데, 당시 애플의 주가는 26달러, 연간 배당금은 0.57달러였다. 이후 애플은 실적 성장에 힘입어 2023년 배당금이 1달러로 75%, 주가는 228달러로 1,000% 가까이 성장했다.

주식으로 모두가 돈을 버는 방법

모두가 주식으로 돈을 벌 수 있을까? 아마 투자자들 대부분은 아니라고 대답할 것이다. 또 조사 결과 역시 이를 증명한다. 2020년 〈조세재정연구원〉은 2009년부터 2019년까지 금융투자회사들이 보유한 개인 증권계좌의 손익을 분석했다. 분석 결과, 약 40%의 개인투자자들이 손해를 봤다고 한다. 참고로 연간 1,000만 원 이하의 수익을 올린 비율은 50%, 1,000만 원에서 2,000만 원의 수익을 올린 비율은 5%, 2,000만 원을 초과한 수익을 올린 비율 역시 5%에 불과했다.

투자자들이 주식을 사는 이유는 단순하다. '내가 산 가격보다는 더 비싸게 팔 수 있겠지!'라는 생각이다. 더 노골적으로 이야기하면 '나보다 더 비싼 가격에 이 주식을 살 호구가 있을 것이다.'라고 생각하는 것이다. 그렇다면 그 사람은 왜 나보다 더 비싼 가격에 살까? 그도 다른 누군가에게 더 비싸게 팔 수 있다고 생각하기 때문이다. 하지만 언젠간 매수자가 사라지고 마지막에 산 사람은 호구가 된다. 이렇게 주식투자를 트레이딩 관점에서 바라보면 누군가는 돈을 잃는 '제로섬 게임'이란 것을 알 수 있다. 돈을 버는 사람이 있다면 필연적으로 돈을 잃는 사람도 있는 것이다.

이런 현상의 이유는 결국 주식시장이 '돈놓고 돈먹기' 식의 투기판이 되었기 때문이다. 하지만 주식과 주식시장이 탄생하게 된 본질에 집중하면 이야기는 달라진다. 모두가 주식으로 돈을 벌 수 있기 때문이다. 이렇게 말하면 사기꾼이라고 말할 수도 있다. 하지만 진짜 그런 방법이 있으며, 다음과 같다.

1. 노후를 위해 모아둔 돈을 확실하게 장기 투자한다.

2. 현재 기준 금리 이상의 배당금을 주면서, 회사와 배당금 모두 꾸준히 성장하는 회사에 투자한다.

확신과 함께 여유자금으로 회사의 실적과 배당금, 그리고 성장에 투자하는 것이다. 만약 내가 산 1만 원 가치의 주식이 올해 배당금으로 500원을 주고, 매년 배당금이 10%씩 성장한다면 (500원, 550원, 605원, 665원…) 어떤 일이 생길까? 내가 산 가격보다 비싸게 살 사람이 없어도 괜찮고, 주가가 하락해도 상관없다. 무리해서 낮은 가격에 팔 필요가 없으니 말이다. 어차피 노후까지 장기 투자할 돈이었기에 굳이 매도해서 손실을 확정할 필요가 없다.

그리고 주가가 낮아지더라도 내가 받게 될 배당금은 계속 성장하니 이를 즐기면서 마음 편하게 지낼 수 있다. 1만 원에 산 주식의 배당금이 매년 성장하고 은행 이자보다 훨씬 많은 수익을 준다면, 오히려 주가가 하락할 때마다 더 싸게 추가 매수할 기회라는 생각도 들 것이다. 배당금이 500원인 1만 원짜리 주식이 5,000원으로 떨어지면 배당수익률은 5%에서 10%로 올라가니 말이다.

만약 이 주식의 배당금이 1,000원을 넘어섰다고 생각해 보자. 매년 배당금으로 1,000원을 주는, 심지어 계속 성장하는 1만 원짜리 주식이 팔리지 않을까? 프리미엄을 붙여서라도 사려는 사람들이 넘쳐날 것이다. 은행들이 제공하는 이자율보다 훨씬 좋은 조건이니 말이다.

우리는 이렇게 좋은 배당성장주를 찾아내 노후까지 가져갈 결심만 하면 된다. 그리고 계속 성장하는 배당금을 받으며 안심하자. 주가 대비 배당금 수익률이 계속 커지는 주식은 언젠가 비싸게 팔릴 수밖에 없고, 누구도 손실을 보지 않을 수 있다.

배당주, 배당성장주 바로 알기

'아니 그런데, 배당금이 그렇게 꾸준히 성장하는 주식들이 있어요? 그걸 어떻게 찾을 수 있어요?'라고 궁금한 사람도 있을 것이다. 하지만 실제로 그러한 주식들이 있고, 너무 유명하기에 이들을 묶어서 부르는 용어가 있을 정도다. 미국에서는 25년 이상 배당이 성장하면 '배당귀족 (Dividend Aristocrats)', 50년 이상 배당이 성장하면 '배당킹(Dividend King)'이라고 부른다.

2024년 9월 기준으로 미국에는 배당킹이 무려 53종목이나 있다. 그중에서도 '아메리칸 스테이츠 워터(AWR)'는 무려 70년 동안 배당금이 꾸준히 성장했다. 우리에게 친숙한 'P&G'는 68년, '코카콜라'는 62년, '존슨앤존슨'은 62년, '월마트'는 51년 동안 배당금을 꾸준히 늘려왔다.

배당귀족은 66종목이 있는데, 모든 배당킹 주식이 배당 귀족에 포함되는 것은 아니다. 배당귀족 주식은 S&P지수에 포함되어 있어야 하고, 규모와 유동성의 최소 요건이 있기 때문이다. 앞서 언급한 P&G, 코카콜라, 존슨앤존슨, 월마트 외에도 '맥도날드'는 47년, '엑손모빌'은 41년, '리얼티인컴'이 27년 동안 배당금을 늘려와 배당귀족주로 분류된다.

미국 한정이지만 이런 배당킹과 배당귀족들은 '슈어디버덴드'라는 사이트에서 확인할 수 있다. (www.suredividend.com) 신청하면 친절하게 잘 정리된 엑셀 시트를 이메일로 보내주기까지 하니 안정적인 배당 정보를 원한다면 한 번쯤 신청해보자. (22페이지 QR 참고)

이런 배당주들과 분류, 역사는 왜 중요할까? 그것은 우리가 '안정적인 배당'을 원하기 때문이다. 배당률이 높아서 더 많은 수익을 기대하며 투

	A	B	C	D	E	F	G	H
1	Ticker	Name	Sector	Price	Dividend Yie	Years of Div	5-Year Aver:	Dividends P
2	AWR	AMERICAN STA	Utilities	$81.24	0.02289512555	70	0.01772	1.76
3	DOV	DOVER Corp	Industrials	$180.23	0.01142983965	69	0.01135	2.04
4	GPC	GENUINE PART	Consumer Cyclic	$143.21	0.0279310104	68	0.02526	3.9
5	NWN	NORTHWEST N	Utilities	$39.58	0.04926730672	68	0.05091	1.95
6	PG	PROCTER & G/	Consumer Defer	$174.61	0.02308000687	68	0.0206	3.89
7	PH	PARKER HANN	Industrials	$579.61	0.01124894325	68	0.00859	6.22
8	EMR	EMERSON ELE	Industrials	$102.06	0.02057613169	67	0.02073	2.1
9	CINF	CINCINNATI FIN	Financial Servic	$137.52	0.02356020942	64	0.02094	3.12
10	CL	COLGATE PALN	Consumer Defer	$107.73	0.01856493085	63	0.01807	1.96

출처: 슈어디버덴드

자했는데 '배당컷' 때문에 갑자기 배당이 뚝 끊겨버릴 수도 있다. 또 배당을 주더라도 주가와 배당 모두 제자리걸음이면 답답할 수밖에 없다. 그러니 꾸준히, 일관성 있게 배당을 늘려왔다는 기록이 중요하다. 배당킹부터 배당귀족, 배당챔피언이나 배당블루칩에 이르기까지, 분류 방법은 조금씩 달라도 꾸준히 배당을 늘려온 이런 기업들은 기간에서 나오는 신뢰도가 있다.

그렇다면 우리가 투자해야 할 배당성장주는 정확히 어떤 주식들을 말하는 것일까? 먼저 주가 대비 4~5% 이상의 배당금이 안정적으로 지급되는 주식을 배당주라고 부른다. 즉 현재 주가가 1만 원인 주식이라면, 연간 400원~500원 이상의 배당금을 꾸준히 지급해야 배당주가 되는 것이다. '수익률이 5%가 넘는 주식이 얼마나 많이 있겠어?'라고 생각할 수 있다. 하지만 저 기준을 충족한 배당주는 우리나라에서만 200개 가까이 있다. 미국 주식을 합치면 그 수는 훨씬 많아진다. 또 배당수익률이 7% 이상인 국내 주식도 50종목이 넘는다. 이런 주식들이 꼭꼭 숨어있는 것도 아니다. 네이버 증권만 활용해도 쉽게 찾을 수 있다.

배당금 &시가배당률(연간)

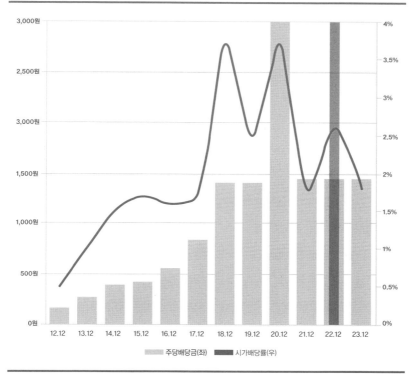

출처: 아이투자

그렇다면 성장주는 무엇일까? 성장주는 사업과 실적이 꾸준히 성장하는 회사의 주식을 뜻한다. 일반적으로 연간 10% 이상의 실적 성장을 꾸준히 이어가면 성장주로 분류할 수 있다. 연성장 10%를 우습게 볼 수도 있지만, 전 세계의 경제성장률이 3% 내외인데 10%씩 꾸준히 성장한다는 것은 정말 대단한 일이다. 반대로 '10%씩 꾸준히 성장하는 회사가 어디 있어?'라고 생각하는 분들도 있을 것이다. 흔치는 않지만 그런 회사는 분명히 있다. 이렇게 꾸준히 성장하는 회사들을 찾는 방법도 책의 2부에서 자세히 정리해보겠다.

그렇다면 배당성장주는 정확히 무엇일까? 바로 배당주와 성장주의 개념이 합쳐진 것이다. 합리적인 배당금을 지급하면서 앞으로 꾸준히 성장하는 주식. 그리고 배당금도 안정적으로 성장할 것이 기대되는 주식을 뜻한다. 이러한 배당성장주에 투자하는 방법의 기본 개념은 다음과 같다.

1. 노후 대비 자금을 꾸준히 배당성장주에 투자하며 보유 주식 수를 늘린다.

2. 배당성장주에서 발생한 배당금을 재투자해 보유 주식 수를 늘린다. (복리 효과 발생)

3. 이 배당성장주의 주당배당금이 매년 성장한다. (복리 효과 발생)

4. 배당금의 증가 없이 주가만 상승해 투자 매력이 떨어지면 더 매력적인 배당성장주로 갈아탄다. (이때 얻는 시세차익으로 시드머니와 배당금을 빠르게 키울 수 있음)

이 네 단계를 반복할 수 있다면 시간이 지날수록 워런 버핏처럼 시드머니와 배당금이 급격히 늘어나게 된다. 그는 미국의 호황과 함께한 특별한 사례가 아니냐고? 나 또한 2015년의 1억 원이 2024년에 20억 원 이상의 자산과 1억 원 이상의 배당금으로 커졌다. 꾸준히 저 네 단계의 투자를 반복했기 때문이다.

다만 조심해야 하는 것은 오랫동안 배당금을 늘려왔어도 앞으로도 그러리라는 보장이 없다는 것이다. 배당금은 회사의 재무 상태나 실적, 최대주주의 이해관계에 따라 언제든지 급등락할 수 있다. 이 책의 2부에서는 앞으로 배당금이 꾸준히 성장할 배당성장주를 찾는 방법을, 3부에서는 최적의 포트폴리오를 구성하는 방법을 배우게 될 것이다.

배당금 vs 예금이자 vs 부동산 임대료

배당성장주를 이해하려면 가장 먼저 배당금의 개념을 정확히 이해해야 한다. 배당금은 우리에게 친숙한 예금이자와 부동산 임대료와 비슷하다. 은행에 돈을 맡기면 이자를 받고 부동산을 누군가에게 빌려주면 임대료를 받는 것처럼, 배당금은 주주로서 회사에 투자한 리스크에 대한 보상이다. 회사가 사업으로 벌어들인 순이익 중 일부를 주주들에게 배당금으로 돌려주는 것이다.

배당금의 역사는 최초의 주식회사인 네덜란드의 '동인도 주식회사'부터 시작된다. 당시 교역 선단을 꾸리고 운영하려면 배의 건조부터 선원, 식량까지 막대한 자금이 필요했다. 하지만 네덜란드의 국가 재정만으로 이 모든 비용을 충당하기에는 어려웠고, 투자자들을 모아 투자금에 비례하여 주식을 발행해 주었다. 물론 그때는 현대의 '주식시장'이랄 것이 없어서 이 주식을 사고팔아 시세차익을 볼 수는 없었다.

그러면 그들은 왜 시세차익도 볼 수 없는 동인도 주식회사의 주식을 매수했을까? 바로 동인도 주식회사가 교역으로 거둔 이익을 나누어 받을 수 있었기 때문이다. 초기에는 돈이 아니라 후추, 귀금속 등의 실물을 나눠주었고, 투자자들은 이를 시장에 팔고 막대한 부를 얻었다. 이것이 바로 배당금의 시초이다. 이런 투자 환경에 힘입어 동인도 주식회사의 선단은 전 세계를 돌아다니며 교역과 약탈, 때로는 식민지에 이르기까지 압도적인 수익을 거뒀다.

여기까진 배당금이 이자나 임대료와 비슷하게 보인다. 하지만 배당금만의 확연하게 다른 특징이 있다. 어떤 특징인지 다음 표와 설명을 통해 살펴보자.

세 자산의 특성 비교

	(주식) 배당금	(예금) 이자	(부동산) 임대료
수익률	0%~10%	2%~5%	2%~8%
변동성	높음	없음	낮음
원금 변동성	높음	없음	낮음

① 더 넓은 수익 폭을 가진다

보통 예금 이자는 기준 금리에 따라서 2~5% 정도 선에서, 부동산 임대료는 부동산의 위치나 컨디션에 따라 2~8% 정도 선에서 형성된다. 하지만 배당금은 회사의 실적, 재무 상태, 배당정책 등에 따라서 정해진다. 회사의 실적과 재무가 좋지 않다면 배당금을 아예 지급하지 않기도, 반대로 준수한 실적과 좋은 재무 상태를 가지고 있지만 시장에서 소외되어 주가가 낮은 회사의 배당금은 10%에 이르기도 한다. 결국 배당금은 어떤 주식에 투자하느냐에 따라 수익이 크게 달라진다.

② 변동성이 높다

예금 이율은 기준 금리에 따라서 변하기는 하지만 변동성이 낮다. 그리고 가입 기간 내에는 이율이 절대 변하지 않는다. 만약 내가 연 3% 이율에 3년 만기인 상품에 가입했다면 기준 금리가 바뀌어도 3%라는 이율은 더 이상 바뀌지 않는다.

부동산 임대료는 시장 상황에 따라 시세가 바뀔 수 있다. 하지만 코로나 팬데믹 같은 특별한 상황이 아닌 이상 그 변동성은 연간 5% 이내로 낮은 편이다. 특히 임대 계약기간에는 임대료를 바꾸기 어렵다. 만약 월세 100만 원에 2년 임대 계약을 했다면? 그 기간에는 100만 원의 고정 수익만 기대할 수 있다. 재계약을 하더라도 특별한 상황이 아니라면 일정 수준 이상 가격을 올릴 수 없다.

반면 주식배당금은 회사의 상황에 따라서 크게 달라진다. 작년에는 주당 1,000원의 배당금을 지급했더라도 올해 사업 실적이 매우 나쁘다면 한 푼도 받지 못할 수도, 반대로 사업 실적이 매우 좋다면 그 2배인 2,000원을 받을 수도 있다.

③ 원금 변동성이 높다

예금은 뱅크런이나 디폴트가 발생하지 않는 한 원금을 그대로 돌려받을 수 있다. 혹여 뱅크런 같은 상황이 벌어져도 예금자보호법에 따라 5,000만 원까지는 원금을 지킬 수 있다. 부동산 가격도 특별한 지역, 특별한 상황이 아니라면 10% 이내에서 등락을 반복하며 중장기적으로 상승한다. 하지만 주가는 하루에도 몇 %씩 오르내린다. 어떤 호재나 악재가 있으면 그 폭은 30%까지 커진다. 또 1년 이내에 주가가 반토막 나거나 몇 배 이상 오르는 종목들이 수백개에 달할 정도로 변동성이 심하다.

정리해보면, 배당금은 예금이자나 부동산 임대료에 비해 편차도 매우 크고 변동성도 심하다. 훨씬 큰 수익을 기대할 수도 있고 큰 손해를 볼 수도 있다. 우리가 좋은 배당성장주를 찾아 투자하는 방법을 반드시 알아야 하는 이유이기도 하다.

조금 더 깊게 보기

앞에서 살펴보았듯이, 배당금은 이자나 임대료와 비슷한 점도 있지만 뚜렷한 차이가 있다. 이번에는 주식, 예금, 부동산이라는 세 재테크 방법을 익히거나 다룰 때 좋은 점과 나쁜 점을 정리했다.

세 자산의 장단점 비교

	(주식) 배당금	(예금) 이자	(부동산) 임대료
취득과 매매 난이도	간단함	간단함	복잡함
관리의 번거로움	낮음	낮음	높음
지속 성장 가능성	높음 (편차 큼)	낮음	높음 (편차 적음)
공부 난이도	높음	낮음	중간

① 취득과 매매 난이도

예금의 난이도는 없기에 주식부터 설명하려 한다. 주식은 예금처럼 간단하다. 은행에서 예금 계좌를 만드는 것처럼 증권사에서 증권 계좌를 만들고 주식거래 프로그램에서 버튼을 몇 번만 누르면 원하는 주식을 사고팔 수 있다. 하지만 부동산은 매수하려는 매물을 직접 방문해서 확인하고, 다양한 조건을 협상하고, 계약서를 작성하고, 자금을 이체하고, 등기해야 하는 등 복잡한 절차를 거쳐야 한다.

② 관리의 번거로움

주식도 예금도 보유하면서 별도의 관리가 필요 없다. 보유하는 동안 은행이나 주식회사에서 무언가를 요구하지 않는다. 가끔 배당금 통지서나, 주주총회 참석장이 우편으로 배달되는 것이 전부이다. 예금도 만기 때까지 해야 할 일이 없으며, 만기가 되면 다시 예금에 가입하거나 원하는 곳에 사용하면 된다.

하지만 부동산은 매물을 부동산 중개소에 내놓고 예비 임차인이 올 때마다 보여줘야 한다. 임대료와 조건을 끊임없이 조율해야 계약금을 손에 쥘 수 있다. 만약 누수 등 구조적인 하자가 생기면 수리비도 지원해야 한다. 결정적으로 세입자가 나가면 이런 지난한 계약 과정을 다시 진행해야 한다.

③ 공부의 난이도

예금은 공부할 것이 거의 없다. 가장 높은 이자율을 제공하는 은행을 확인한 뒤 가입하면 끝이다. 하지만 부동산은 사회와 경제, 시장을 종합적으로 꿰고 있어야 한다. 앞으로 어느 지역에 수요가 늘어날지, 정부 정책과 공급은 어떻게 될 것인지, 해당 지역의 교통부터 교육, 환경까지 함께 파악해야 한다.

주식은 회사의 사업구조, 실적, 재무, 현금흐름, 배당정책, 앞으로의 성장성뿐만 아니라, 경쟁 업체와 산업도 잘 알고 있어야 한다. 그리고 산업과 사업 현황이 빠르게 변화하기 때문에, 꾸준히 뉴스와 리포트를 읽으면서 공부해야 한다. 주가의 등락도 빠르기 때문에 어느 주식이 주가 대비 투자매력도가 높은지 빠르게 계산하고 판단해야 한다.

이렇게만 보면 주식투자를 위한 공부 난이도가 예금이나 부동산보다 높은 것이 사실이다. 하지만 우리가 대학 입시나 취업을 위해 공부한 것을 떠올려보자. 그리고 위에 적은 내용들을 직시하면 크게 어렵지 않다. 아직 경험이 없어서 낯설기에 어려워 보이는 것일 뿐이다. 아이가 걸음마를 배우듯 느긋하게 책을 따라 공부하고 내 투자에 적용해보자. 그러면 좋은 배당성장주를 찾는 방법을 자연스럽게 터득할 수 있을 것이다.

수익률 뒤의 함정, 세금과 수수료 비교

투자를 할 때는 눈앞의 수익률에 현혹되어서는 안 된다. 수익률이 높더라도 세금이나 수수료가 많이 나온다면 수익률을 깎아 먹기 때문이다. 이번에는 앞에서 살펴본 배당금, 이자, 임대료의 수익률을 바꾸는 숨겨진 함정과 이 때문에 벌어지는 격차를 알아보자.

세 자산의 투자에 필요한 부대비용 비교

	(주식) 배당금	(예금) 이자	(부동산) 임대료
소득세	-15.4% (공제, 감면 없음) -2,000만 원 초과 시 금융소득 종합과세		-15.4% (공제, 감면 있음) -2,000만 원 초과 시 금융소득 종합과세
거래세	-취득세 없음 -매도 시에만 0.18%	없음	1.3%~13.0%
양도소득세	없음	없음	최대 45%
보유세	없음	없음	연간 0.05%~0.4%
거래수수료	0%~0.5% (유관기관 수수료 별도)	없음	0.3%~0.7%

① 소득세

배당금에 대한 세금은 15.4%가 원천징수된다. 그리고 연배당금이 2,000만 원을 넘기면 '금융소득종합과세' 대상에 포함되어 종합소득세 세율이 적용된다. 이는 예금 이자도 마찬가지이며, 공제나 감면을 받을 수 없다. 부동산 임대료도 15.4%의 세금이 발생하지만, 원천징수 대상은 아니며 상황에 따라 공제나 감면을 받을 수도 있다. 셋 다 비슷하지만, 부동산이 약간 유리해 보인다.

② 거래세

주식은 매도할 때만 0.18%의 거래세가 부과되며, 예금은 가입하거나 해지할 때 이자에 대한 소득세 외에 별도의 거래세가 부과되지 않는다. 부동산을 매수할 때는 보유주택수와 구매하려는 주택의 가격에 따라 1.3%~13.0%의 취득세가 부과된다. 단순 수치만 놓고 보면 예금이 가장 유리하고 부동산이 가장 불리하게 보인다.

하지만 주식에는 함정이 있다. 매도할 때의 거래세가 0.18%에 불과하지만, 거래 회전율에 따른 상한이 없기 때문이다. 예를 들어, 1년간 부동산을 1번 매수했다면 취득세는 최소 1.3%에서 최대 13%다. 하지만 같은 기간 주식을 100번 매매했다면 거래세로만 18%를 내야 할 수 있다. (0.18×100) 실제로 트레이더 지인 중에 수천만 원의 거래세를 낸 사람도 있다.

③ 양도소득세

주식은 아직 양도소득세는 없다. 내가 주식투자로 10억 원의 시세차익을 거두어도 이에 대한 양도소득세는 0원인 것이다. 2024년, 금융투자

소득세의 신설 논의에 따른 시세차익의 양도소득세 부과 논란이 있었지만, 다행히 폐지되며 주식이 가지는 이점은 유지되었다.

예금은 매도의 개념이 아니기 때문에 양도소득세가 당연히 없다. 부동산은 보유주택수와 양도소득 규모에 따라 0%에서 45%의 양도소득세가 부과된다. 역시 세율이 가장 높은 부동산이 가장 불리하게 보인다. 하지만 양도소득세율을 크게 낮출 방법도 있기에 현명한 절세가 매우 중요하다.

④ 보유세

주식과 예금은 보유세가 없다. 부동산은 주택 가격에 따라 매년 0.05%에서 0.4%의 보유세를 내야 한다. 주식과 예금과 비교하면 매년 고정지출이 생기는 부동산이 가장 불리해 보인다.

⑤ 거래수수료

예금은 거래수수료가 없고 부동산은 거래금액에 따라 0.3~0.7%의 중개수수료가 발생한다. 하지만 주식은 거래수수료가 천차만별이다. 어떤 증권사를 이용하는지, 거래방식이 온라인인지 오프라인인지, 계좌를 개설할 때 수수료 감면 이벤트를 적용받았는지에 따라 거래수수료가 크게 달라진다.

스마트폰이나 PC, 자동 ARS를 통한 온라인 거래의 수수료는 증권사별로 0.015%에서 0.15% 정도로 큰 차이를 보인다. 만약 영업점이나 고객센터의 상담직원을 통해 직접 주문하게 되면 수수료가 0.5% 수준까지 올라가게 된다. 증권사가 드물게 진행하는 주식거래 수수료 무료 이벤트를 이용하면 거래수수료를 아낄 수 있다. 하지만 이 경우에도, 유관기관

수수료 0.0036396%는 별도 부과된다. 물론, 1억 원을 거래해야 3,600 원을 내는 만큼 거의 무시해도 될 정도로 작은 수준이다.

거래수수료 역시 1회당 거래수수료율이 가장 높은 부동산이 불리해 보인다. 하지만 앞에서도 말했듯, 너무 빈번하게 거래하면 부동산보다 훨씬 높은 수수료를 낼 수도 있다는 점을 조심하자.

정리하면, 예금이 세금과 수수료 관점에서는 가장 유리하다. 부동산은 1회당 세율과 수수료율이 압도적으로 높지만, 절세 방법도 많아 계획적인 투자가 필요하다. 주식은 거래당 세율과 거래수수료율이 매우 낮지만 잦은 거래를 할 경우 내야 할 돈이 커질 수 있다. 스캘핑 위주의 주식투자자들이 중장기적으로 손실을 보는 이유이기도 하다. 그렇기에 우리는 좋은 주식을 중장기로 보유하며 꼭 필요한 시점에만 매매하는 것이 좋다.

1-2

주식시장의
함정들

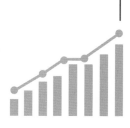

주식으로 돈 벌기 어려운 이유

주식투자로 돈을 버는 방법은 크게 2가지가 있다. 하나는 시세차익이다. 내가 매수한 주식을 다른 사람에게 더 비싸게 매도해 수익을 내는 것이고, 대부분의 개인투자자들이 노리는 방법이기도 하다. 다음은 투자한 회사에게 배당금을 받는 것이다. 해당 회사가 사업을 통해서 많은 수익을 벌어들이고 배당금을 많이 지급할수록 투자자의 수익도 커진다.

우리나라의 개인투자자 대부분은 배당금에 무관심하다. 혹은 배당금을 시시하게 생각하고 시세차익에만 집중한다. 왜일까? 배당금을 받으려면 짧게는 3개월, 길게는 1년을 기다려야 하기 때문이다. 그리고 그 수익률도 평균적으로 연 2~3% 정도이며 높아야 5~6% 정도다. 그런데 시세차익을 잘 이용하면 하루 만에 3%의 이상의 수익을 낼 수도 있다. 테마주를 잘 고르고 운만 좋다면 몇분 만에 수십%의 수익도 가능하다. 그러니 배당금을 목표로 삼는다고 말하면 오히려 이상한 투자자로 여기는 것이다.

물론 내 투자금을 가시적으로 늘려주는 것은 주가 상승이다. 하지만 개인투자자라면 투자의 궁극적인 목적을 시세차익이 아닌 배당금의 극대화에 두어야 한다. 아이러니하지만 주가 상승으로 인한 시세차익은 배당금 극대화 과정에서 얻는 부산물로 생각해야 한다. 시세차익을 목표로 삼으면 아이러니하게도 시세차익을 거두기 어려워지기 때문이다.

초보 투자자, 혹은 어느 정도 수익을 내고 자신만만한 투자자들은 주가 상승을 아주 쉽게 예측할 수 있다고 과신한다. 왜? 침체장이 아니라면 하루에도 30% 상한가를 기록하는 주식들이 몇 종목씩 나오기 때문이다. 3% 이상 상승하는 주식은 200종목 가까이 나온다. 이렇게 오르는 주식들만 잘 골라 200일 동안 투자하면? 최소 기대수익률을 3%로 잡고 단순하게 계산해도 600%의 수익이다. 그리고 복리까지 적용하면 실제 수익률은 훨씬 클 것이다.

그런데 코스피와 코스닥에 등록된 회사는 2,600개가 넘는다. 즉 내가 3% 이상 상승하는 주식을 고를 확률은 겨우 7.7% 정도다. (200 ÷ 2600 = 약 7.7%) 반대로 3% 넘게 하락하는 종목도 200종목 가까이 되니 확실하게 손해를 볼 확률도 비슷하다. 여기에 운이 좋아 종가가 3% 이상 상승할 종목을 골랐어도 만약 그 주식이 장중에 일시적으로 5%, 10% 이상 하락한다면 양전할 때까지 버틸 수 있을까?

내 소중한 돈을 실제로 주식에 투자하면 주가의 흐름을 냉정하게 따지기 어렵다. 대세 상승장이 아닌 이상 1%의 수익률을 내기도 어렵고, 주가가 하락하면 스트레스와 함께 손절하기 일쑤다. 더 하락할지 모른다는 두려움, 내 돈이 사라지고 있다는 두려움 때문이다. 반대로 주가가 상승하면? 오히려 다른 일에 집중하기가 힘들다. 틈만 나면 주가를 확인하고 주가가 오르기만을 간절히 기다린다. 이렇게 하루하루의 변동에 따라 받는 스트레스를 견디는 것은 결코 쉽지 않다. 다음 그림이 그 어려움을 잘 나타내준다.

게다가 회사와 산업에 대한 깊이 있는 분석으로 사업 실적을 잘 예측하더라도 주가가 실적과 반대로 움직이는 경우도 많다. 실적이 잘 나왔는

장기투자의 인식과 실제 모습

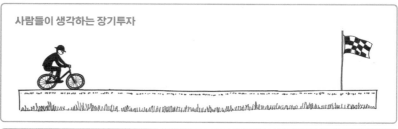

사람들이 생각하는 장기투자

실제 장기투자의 어려움

데 '선반영'이라며 주가가 하락하거나, 실적이 부진한데 '리스크 해소'라며 오히려 주가가 오르는 경우도 다반사다. 이런 식으로 하루에 10%p 이상 등락하는 시장은 시세차익을 내기 쉬워 보여도 실제로 해보면 어렵고 무섭다.

특히 요즘은 파생상품이 다양해지고 알고리즘 매매와 옵션거래가 늘어나며 주식시장의 변동성이 매우 심해졌다. 특별한 이유 없이 주가만 심하게 등락하는 사례가 늘고 있다. 이런 상황에서 차트 움직임에 따른 기술적 분석으로 거래를 시도한다면? 차트는 과거 데이터를 활용한 통계일 뿐이다. 분석 능력이 아무리 뛰어나도 미래를 정확히 예측할 수는 없다.

또 그런 투자자들을 노리고 차트를 조작하는 세력들도 있다. 엄청난 규모의 자금과 정보력을 가진 세력들은 자신들에게 유리한 정보를 언론에 흘리고 매력적인 차트로 개인투자자들을 유혹하고 있다. 결국 자기가 충분한 운과 실력이 없거나, 주가 흐름 자체를 만들 만큼 큰 자산이 없다면 주가를 정확히 예측하는 것은 거의 불가능하다.

커버드콜 ETF의 함정에 빠지지 말자

최근 파생상품, 특히 커버드콜 월배당 ETF 상품이 인기를 끌고 있다. 연 10%가 넘는 높은 수준의 배당금을 매월 분할 지급한다는 매력적인 문구가 자금을 끌어모으는 것이다. 이런 상품을 알게 된 것은 "연배당수익률이 10%인 월배당 ETF가 있는데 투자하고 있어요?"라는 지인의 질문 덕분이다.

그 말을 듣고 나의 첫 감상은 '아니 그런 상품이 있어?'라는 의문으로 시작했다. 연간 배당수익률 10%면 5억 원을 투자했을 때 매년 5,000만 원. 매월 400만 원이 넘는 세전 배당금을 받게 된다. 서울 아파트의 평균 가격이 10억 원을 넘어섰는데, 그 절반인 5억 원을 투자하면 은퇴를 고려할 수 있는 배당금을 받는 셈이다.

여기까지 생각하면, 지금이라도 당장 투자해야 할 것 같다. 하지만 한 번 더 생각해보자. 예금 금리가 3% 중반이고, 전문인력이 대규모 자금을 운용하는 국민연금의 목표수익률도 5% 중반이다. 가장 배당수익률이 높은 고배당주도 7%~8% 수준인데, 어떻게 10%의 배당금이 가능한지 말이다. 너무 궁금한 나머지 그 상품들을 꼼꼼히 분석했고 결국 투자하지 않기로 결심했다. 지인이 소개한 JEPI라는 ETF는 '커버드콜' 기반이었기 때문이다.

먼저 JEPI는 'JPMorgan Equity Premium Income ETF'의 줄임말이자 티커 이름으로, 자산운용사인 JP모건이 직접 운용하는 액티브 펀드다. 이 펀드의 특징을 몇 가지 살펴보자.

1. S&P500 지수 상위 종목들로 구성
2. 기술주에 치우치지 않고 다양한 산업군에 분산 투자
3. 주식 + S&P500 지수 콜옵션 매도 (커버드콜)
4. 높은 배당성향의 기업 중시

이 펀드가 높은 배당을 할 수 있는 이유이자 가장 큰 리스크는 바로 3번, 커버드콜이다. 커버드콜은 주식을 매수하는 동시에 해당 주식의 콜

JPMorgan Equity Premium Income ETF
NYSEARCA: JEPI ⋮

개요

주식 시장 요약 > JPMorgan Equity Premium Income ETF

57.06 USD

+6.97 (13.91%) ↑ 전체 기간

1월 10일 오후 8:00 GMT-5 • 면책조항

+ 팔로우

| 1일 | 5일 | 1개월 | 6개월 | 연중 | 1년 | 5년 | **최대** |

51.51 USD **2023년 10월 27일**

시가	57.66	시가총액	-	52-주 최고	60.99
최고	57.66	주가수익률	-	52-주 최저	54.72
최저	56.99	배당수익률	-		

출처: 구글

옵션을 판매하여 수익을 만드는 것이다. 조금 낯선 용어이니 간단한 예시로 알아보자.

삼성전자 주식을 7만 원에 사들인 뒤, 6개월 뒤에 그 주식을 8만 원에 살 수 있는 권리(콜옵션)을 다른 누군가에게 5,000원에 파는 것이다. 만약 6개월 뒤 주가가 8만 원이 넘지 않는다면? 내게 권리를 산 사람은 권리를 행사하지 않고 포기할 것이다. 그러면 나는 권리를 판 금액 5,000원도 챙기고 삼성전자 주식도 그대로 보유하게 된다. 즉 JEPI는 권리를 판 수익으로 투자자들에게 높은 배당금을 주는 것이다. 실제로 JEPI가

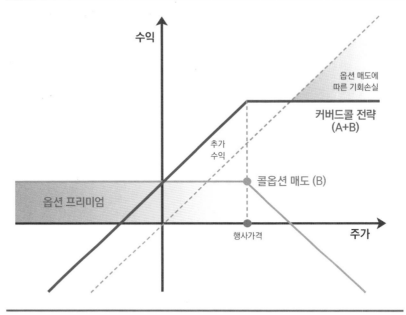

수익

옵션 매도에
따른 기회손실

커버드콜 전략
(A+B)

추가
수익

콜옵션 매도 (B)

옵션 프리미엄

행사가격

주가

출처: 비즈니스워치

투자자들에게 지급하는 배당금의 7~80%는 이 콜옵션 판매 수익에서 발
생했다.

'아니 이런 대박 투자상품이 있다니! 여기에 투자해 연 10%의 배당금
을 받는다면 금방 은퇴할 수 있겠다!'라고 생각할 수 있다. 그런데 이 커
버드콜 상품에는 치명적인 단점이 있다. 주가가 급등했을 때 얻을 수 있
는 수익에 한도가 있기 때문이다.

앞에서 우리가 7만 원에 산 주식을 6개월 뒤 8만 원에 살 수 있는 권리
를 5,000원에 팔았다고 가정했다. 그런데 6개월 뒤 그 주식이 14만 원으
로 급등한다면? 권리를 사 간 사람은 당연히 그 권리를 행사한다. 14만

원짜리 주식을 8만 원에 살 수 있으니 말이다. 그러면 나의 수익은 시세차익 1만 원과 권리 판매 수익 5,000원을 더해 총 1만 5,000원이 된다. 만약 콜옵션을 팔지 않았다면? 시세차익 7만 원이 고스란히 나의 몫이 되었을 것이다.

즉, 커버드콜 ETF는 콜옵션을 팔아 확보한 추가 수익으로 높은 배당을 준다는 것이 매력이다. 하지만 콜옵션을 판매한 주식의 주가가 100% 이상, 또는 1,000% 이상 상승해도 내가 가져갈 수 있는 수익은 제한된다. 내가 투자한 주식들의 주가 상승을 온전히 누리지 못한다는 치명적인 단점이 있는 것이다.

거기에 커버드콜 ETF 경쟁이 격해지며 갈수록 위험한 콜옵션을 팔 수 있다는 것도 단점이다. 커버드콜 ETF는 횡보장에서 옵션 프리미엄으로 안정적인 수익을 내는 구조다. 바꿔서 말하면 투자한 주식의 급등을 기대하기 어렵고, 더 많은 배당을 약속하려면 콜옵션을 많이 파는 수밖에 없다. 그리고 옵션 구매자들에게 매력적인 조건은 운용사에게 불리한 조건일 수밖에 없다. 또 이런 커버드콜 ETF가 많아질수록 콜옵션을 팔려는 자산운용사 또한 늘어나고, 콜옵션 공급자들의 경쟁 격화로 더 불리한 조건의 콜옵션을 만들 가능성이 높다.

물론 배당주에 투자할 때는 안정적인 배당금이 핵심 목표다. 하지만 우리가 고를 배당성장주는 시세차익과 배당금을 모두 누릴 기업이고, 여기서 얻을 수 있는 큰 폭의 주가 상승과 시드머니의 증가 역시 포기할 수 없다. 이런 점이 커버드콜을 기반으로 한 월배당 ETF가 굉장히 매력적임에도 투자하지 않는 이유다.

반면 앞으로 10년 이내에 배당금으로 인한 현금흐름을 극대화하고 싶고, 회사분석에 대한 흥미나 자신도 없다면, 또 투자하려는 커버드콜 ETF가 추종하는 지수가 횡보할 것 같다면 커버드콜 ETF는 매력적인 상품이 될 수 있다.

고배당주라고 섣불리 투자하면 안 되는 이유

배당주에 관심이 생기면 가장 먼저 눈에 띄는 것이 바로 국내 금융주들이다. 은행이나 보험사, 카드사 등 금융주들은 주가 대비 배당수익률이 5%가 넘는 고배당을 제공하기 때문이다.

주가 대비 배당수익률 1~5위의 국내 금융주 (2024.02.28. 기준)

종목	주가 대비 배당수익률
동양생명	8.45%
대신증권2우B	8.11%
대신증권우	8.07%
대신증권	7.43%
삼성화재우	5.90%

출처: 네이버페이 증권

특히 은행주들은 위의 장점에 더불어 반기·분기 배당까지 시행한다는 장점도 있다. 그럼에도 내가 금융주에 섣불리 투자하지 못하는 이유는 다음과 같다.

① 내수 중심의 사업구조

먼저 은행을 비롯한 금융업은 내수 비중이 절대적이다. 산업 특성상 해외 진출 및 확장도 어렵다. 만약 해외에서 한국계 은행의 성과가 좋다면 바로 다양한 규제를 얻어맞게 될 것이다. 우리나라에서 외국계 은행 및 금융사의 비중이 매우 적은 것도 같은 이유 때문이다.

또 내수 시장의 전망이 어떨지 섣불리 예측할 순 없지만, 하나 확실한 것은 출산율의 하락으로 인한 인구감소는 우려스러울 정도다. 특히 외국이 노리는 S급 인재들이나 높은 상속세를 피하려는 자산가들의 이민도 급증하고 있다. 주요 경제 활동층인 젊은 층부터 산업경쟁력을 이끌어갈 S급 인재들, 게다가 자산가들까지 줄어들면 그 나라의 금융 산업은 좋아질 가능성이 희박하다.

② 정부의 규제

정부는 일반 회사가 높은 수익을 바탕으로 주주에게 배당금을 환원하는 것을 문제 삼지 않는다. 오히려 밸류업 프로그램까지 만들며 적극적인 주주환원을 권장하고 있기까지 하다. 그런데 은행을 대상으로는 정반대의 태도를 취한다. 은행의 수익을 죄악시하고, 높은 배당금을 주는 것을 경계한다. 은행의 수익과 배당은 이자놀음으로 만든 것이라는 생각 때문이다. 이런 상황에서 은행이 마음 놓고 수익성을 개선하고 배당을 늘리기 힘들다.

③ 인터넷 은행과의 경쟁

카카오뱅크와 케이뱅크, 토스뱅크 같은 인터넷 은행이 등장하며 은행

업계는 치열한 점유율 경쟁이 일어나고 있다. 신생 은행들은 기존 은행들의 점유율을 빼앗기 위해 환전 수수료 무료를 시작으로 다양한 할인 행사나 포인트 적립 등 여러 가지 편의성을 제공하며 크게 성장했다. 이런 경쟁이 이어지면 각 은행의 점유율뿐만 아니라 수익성 역시 낮아질 가능성이 크다.

처음 배당주를 접한 투자자들은 당장 배당금만 많이 주면 최고라고 생각하는 실수를 저지르곤 한다. 나도 처음 배당주를 접했을 때는, 단순히 현재 배당수익률이 높은 주식들에 집중했었다. 하지만 당장의 수익률만 생각해선 안 된다. 높은 배당금을 주던 회사라도 어느 순간 배당금을 대폭 축소하거나 아예 지급하지 못할 수도 있다.

그 대표적인 사례가 고배당주로 유명했던 미국의 'AT&T'다. 미국 배당주에 관심이 있는 사람이라면 한 번쯤 투자를 고려했을 정도인 AT&T의 연간 배당수익률은 5%~7% 수준이었다. 또 2020년까지 무려 36년 동안 배당금을 늘려왔기에 이 회사에 대한 주주들의 믿음은 굳건했다.

그런데 2020년 4월 갑작스러운 배당금 동결 발표 후 2022년 1월까지 배당금이 동결되더니, 정확히 2년 뒤인 2022년 4월에는 모든 AT&T 주주들이 충격에 빠졌다. 무려 50%의 배당금 삭감이 이루어진 것이다. 대규모 투자로 악화한 재무제표와 더불어 매출과 이익의 급격한 감소로 분기당 0.52달러였던 배당금이 0.2775달러로 삭감되었고, 2024년 하반기까지 이어지고 있다. 이 결정으로 주주들은 배당금뿐만 아니라 주가까지 하락하는 이중고를 겪게 된다.

AT&T의 주가 변동

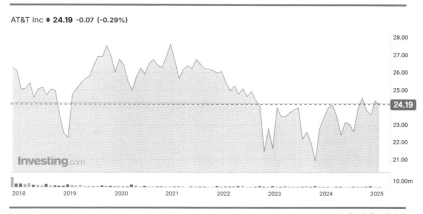

출처: 인베스팅닷컴

물론 AT&T의 사례나 나의 예상과 다르게 한국 금융계의 위기가 원만하게 해결되며 매력적인 고배당주로 자리잡을 수도 있다. 이민 정책이 안착하며 인구수가 늘어나며 내수 경제가 살아날 수도 있다. 혹은 지나친 경쟁에 몇몇 금융사들이 사업을 포기하며 생존한 금융사들의 수익성이 더 좋아질 수도 있다.

하지만 섣부른 투자는 위에서 보여준 다양한 위기에 더 위험하단 사실을 잊어선 안 된다. 제대로 된 배당주를 원한다면 다양한 성장과 역성장의 가능성을 고려하고, 신중하게 투자를 결정한다면 더 좋은 결과를 낼 수 있으리라 생각한다.

미국 주식시장을 맹신하지 말아야 하는 이유

주식투자에 관해 이야기를 나눌 때 '왜 미국 시장을 두고 한국에 집중하세요?'라는 질문을 많이 받는다. 하지만 딱히 미국 주식시장에 부정적이진 않으며 언제든 좋은 배당성장주를 발견하면 투자할 생각도 있다. 미국은 글로벌 패권국이자 달러라는 기축통화와 탄탄한 내수시장, 또 현대 산업을 주도하는 대기업이 산재해 있다. 그리고 분식회계나 횡령, 배임, 일감 몰아주기 등 주주가치를 훼손하는 행위를 엄격하게 규제하는 거대한 주식시장도 가지고 있다. 그 시장 속에서 회사들은 명확한 배당정책에 따라 평균적으로 순이익의 40% 이상을 주주들에게 배당한다.

이런 장점에도 불구하고 내가 한국 증시에 주목하는 이유는 미국 주식시장에선 희귀해진 매력적인 배당성장주들이 숨어있기 때문이다. 애플이나 MS, 구글, 엔비디아, 테슬라처럼 그 산업을 지배하는 기업보다 더 매력적인 기업이 한국에 있다고? 이게 무슨 소리야?! 라고 반문하는 분들이 많을 것이다. 하지만 미국주식은 상대적으로 실적과 배당 대비 주가가 너무 높다. 바로 앞에서 길게 설명한 미국 주식시장과 미국 상장회사의 장점 때문일 것이다. 이런 장점을 바라보고 전 세계에서 엄청난 투자자금이 미국 주식시장으로 흘러들어오니 당연히 인기 있는 주식들의 가격은 하늘을 찌르고 있다.

일례로 요즘 가장 뜨거운 엔비디아의 주가는 133.62달러다. (2025.1.17기준) 그런데 엔비디아의 주당 순이익(EPS)은 2.56달러로 주가 대비 1.92% 수준, 분기배당금은 0.01달러로 연간 0.04달러 수준이다. 이 배당금은 엔비디아 주가 대비 0.03%로, 엔비디아 주식을 1억 원 보유하고 있을 때 3만 원의 배당금을 받을 수 있다.

물론 엔비디아는 AI 분야의 성장에 힘입어 앞으로도 발전할 가능성이 높다. 하지만 매년 순이익과 배당금이 30%씩 성장해도 10년 뒤 엔비디아의 배당수익률은 0.32%, 20년 뒤 4.38%에 불과하다. 최선의 경우를 가정해도 현재 배당주들의 수익률보다 낮은 수준이다. 물론 현재 1.56%에 불과한 엔비디아의 배당성향도 10배 이상 높아진다면, 20년 뒤 엔비디아의 배당수익률은 43.8% 이상으로 높아질 수 있다. 하지만 연평균 30%라는 고성장이 20년이라는 긴 시간 동안 가능할까? 배당성향도 현재보다 10배 이상 높일 수 있을지는 의문스럽다.

AI는 미래산업이라고 주목받으며 빠른 성장세를 보여주고 있지만, 언젠가 크게 늦추어질 가능성도 존재한다. 우리가 전기차 시장에 기대했던 성장성이 2023년 초와 현재 2024년 초에 완전히 달라졌듯이 말이다. 또한 AI 분야의 고성장이 오랫동안 이어져도 엔비디아가 현재의 압도적인 포지션을 유지할 수 있을까? 이미 많은 빅테크 업체가 자사의 반도체를 설계하며 엔비디아의 자리를 위협하고 있고, 어느 산업이든 왕좌를 지키려면 우리의 생각 밖에서 튀어나오는 수많은 변수를 이겨야 한다.

스마트폰 붐과 함께 부상한 MAGA나 FAANG, 코로나 이후 기술주를 이끈 M7이나 E8처럼 다른 빅테크들도 마찬가지다. 이들의 현재 이익수익률은 4% 미만, 배당수익률은 1%도 되지 않는다. 앞으로 연평균 20%~30%의 성장을 20년 이상 유지해야 현재의 배당성장주들의 배당수익률과 비슷한 수준이 된다.

반면, 한국 주식 중에는 이익수익률이 10%~20%가 넘고, 배당수익률도 5%가 넘는 주식들이 다수 있다. 이 중에서도 어떤 주식은 글로벌 시장 비중이 높고 좋은 실적을 내며, 앞으로의 성장성도 기대된다. 따라서

리비안의 주가 변동

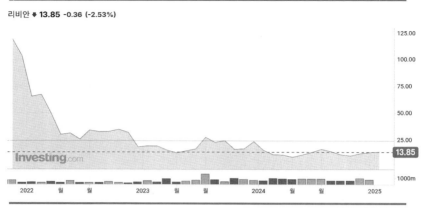

리비안 ▼ **13.85** -0.36 (-2.53%)

출처: 인베스팅닷컴

배당성장주로서의 가치는 미국의 유명한 주식들 못잖게 매력적이라 판단한 것이다.

앞서 언급한 것처럼 미국의 빅테크 주식들은 기대감 때문에 현재 실적과 배당금 대비 주가가 매우 높다. 따라서 부진한 실적 발표나 경쟁에서 밀려 날 것 같다는 소식에 너무 예민하다. 2024년 8월, 생성형 AI의 수익성과 빅테크 규제에 대한 우려가 나타나며 빅테크 주식들이 한 달만에 10%~20% 하락한 것이 좋은 사례다.

게다가 미국 주식시장이라고 우량주로만 가득한 것도 아니다. 배당금을 지급할 수 없을 정도로 재무상태와 실적이 불안정한 주식도 많다. 미국의 전기차 회사인 '리비안'이 2021년에 상장되었을 때는 전기차 산업에 대한 낙관과 기대로 '제2의 테슬라'로 불리며 한 주당 120달러까지 도달했다. 하지만 큰 폭의 적자가 이어지면서 2024년 12월 주가는

14.06달러까지 하락한다. 기대에 미치지 못하고 우려가 커지니 불과 3년 만에 90%나 주가가 하락한 것이다.

미국 상장기업이라고 무조건 성장하고 주가도 상승하리라 맹신하면 큰 손실을 볼 수 있다는 것을 기억하자. 아무리 좋아 보이는 주식이라도 배당성장주로서 매력적인지 분석하고 투자하는 과정이 꼭 필요한 것이다.

투자하지 말아야 할 이유부터 찾아라

책 서두에 등장한 워런 버핏의 금언 중에 '주식투자에서 성공하기 위한 2가지 규칙'이 있다. 많은 곳에 쓰인 만큼 너무나 유명하지만 다시 한번 강조하고 싶다.

> 1. 절대 돈을 잃지 마라
>
> 2. 첫 번째 규칙을 절대 잊지 마라

버핏처럼 위험을 관리하며 원금과 자산을 키우려면 그 위험이 무엇인지 확실하게 알아야 한다. 하지만 금리나 경기 순환, 정치처럼 내가 제어할 수 없거나 오랜 시간을 들여도 100% 이해하기 힘든 지표가 있다. 또 아무리 좋은 기업이더라도 경기 침체기나 전쟁이나 테러, 바이러스 같은 재해로 주가가 내려갈 수 있다.

그래서 우리는 투자하려는 기업을 더 꼼꼼하게 가려내야 한다. 건강한 기업은 계속해서 성장할 테니 일시적인 악재를 맞아도 반등하지만, 별다른 이유가 없는데 주가만 오른 기업은 약간의 부침에도 회복하지 못할 만큼 큰 하락을 맞으니 말이다. 이제 주식시장에서 위의 내용을 가장 잘 설명하는 두 주식, 공모주와 테마주를 설명하려 한다.

'따상'이라는 이름의 폭탄 돌리기, 공모주

2020년 'SK바이오팜'의 IPO를 시작으로 증권가에는 공모주 광풍이 불었다. 이때의 열기는 '따상(상장 첫날 공모가의 두 배로 시초가를 형성한 뒤 상한가)'이라는 단어를 만들 정도였다. 그도 그럴 것이 이렇게 따상을 가는 대형 공모주 청약에 성공하면 공모가 대비 160%의 이익을 거뒀기 때문이다. 공모가 1만 원짜리 주식의 시초가가 2만 원이 되고, 다시 30% 상승하여 상한가까지 가면 2만 6,000원이 되는 셈이다.

그리고 '카카오게임즈', '카카오뱅크', '빅히트(현재 하이브)', 'LG엔솔', 'SK바이오사이언스' 등의 청약이 이어지며 높은 경쟁률 속 수많은 '따상' 신화를 만들었다. 그리고 이러한 공모주의 인기는 '공모주 청약하면 무조건 돈을 번다.', '청약해서 상장 당일 팔면 치킨값이라도 번다.'라는 인식과 함께 최근 백종원의 요식업 브랜드인 '더본'의 상장까지 이어졌다.

하지만 투자자들이 놓치고 있는 것이 있다. 모든 공모주는 상장에 이르기까지 '신규 주주들의 투자금으로 실적을 성장시키고, 그렇게 증가한 순이익으로 합당한 배당금을 환원한다.'라는 명확한 비전을 제시할 수 있어야 한다. 그래야 결과적으로 회사와 기존 주주, 신규 주주 모두 이익을 볼 수 있다.

현재 한국 공모주 시장은 그 회사의 실적이나 배당금보다 훨씬 높은 공모가가 형성된다. 앞으로 10년 이상 고성장했을 때의 적정 가격보다 초기 공모가의 수준이 높을 때가 많다. 그래도 '상장 당일 팔면 된다'라는 생각 때문에 인기 있는 공모주들은 청약경쟁률이 상당하다. 하지만 이런 구조가 언제까지나 계속될 순 없다.

큰 인기를 끌었던 공모주 대부분이 최고가나 공모가를 밑도는 성적표를 받았다. 그중에서도 '엔비티'는 1만 9,000원의 공모가 이후 최고 2만 4,500원까지 올랐었는데, 현재 주가는 3,885원이다. 최고가 대비 84%, 공모가 대비 80% 가까이 하락한 것이다.

그럼 이렇게 공모가를 부풀려 기업을 공개하면 누가 이익을 볼까? 바로 공모 과정이나 그 이후 주식을 매각한 최대 주주나 주요 임직원. 그리고 주관사들이다. 이들은 높은 공모가로 주식을 팔거나 수수료를 통해 이익을 누릴 것이다. 하지만 이런 사례가 늘어날수록 개인투자자들은 점점 공모주 청약을 꺼릴 것이고 이미 그러한 조짐이 보이기 시작했다.

국내 유명 공모주의 가격 변동   (단위: 원, %)

	공모가	최고가	현재가	공모가 대비 등락률	최고가 대비 등락률
카카오게임즈	24,000	116,000	16,620	−30.75	−85.64
SK바이오사이언스	65,000	362,000	54,300	−16.46	−85.00
엔비티	19,000	24,500	3,885	−79.55	−84.14
교촌F&B	12,300	38,950	8,530	−30.65	−78.10
하이브	135,000	421,500	107,000	−20.74	−74.61

출처: 네이버페이 증권

케이쓰리아이의 현재 주가

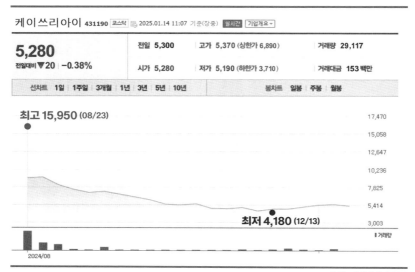

케이쓰리아이 **431190** 코스닥 📋 2025.01.14 11:07 기준(장중) 실시간 기업개요▾

5,280
전일대비▼20 | -0.38%

| 전일 5,300 | 고가 5,370 (상한가 6,890) | 거래량 29,117 |
| 시가 5,280 | 저가 5,190 (하한가 3,710) | 거래대금 153 백만 |

선차트 | 1일 | 1주일 | 3개월 | 1년 | 3년 | 5년 | 10년 ｜ 봉차트 일봉 주봉 월봉

최고 15,950 (08/23)

17,470
15,058
12,647
10,236
7,825

최저 4,180 (12/13)

5,414
3,003

▮거래량

2024/08

출처: 네이버페이 증권

　2024년 8월 20일 코스닥에 상장한 '케이쓰리아이'는 상장 당일 공모가 1만 5,500원에서 32%나 하락했다. 당연시하던 따상은커녕 하한가 이상으로 폭락한 것이다. 이후에도 꾸준히 하락세를 이어가 한 달 만에 7,070원(9월 22일 기준)을 기록하고, 현재는 5,000원 초중반의 가격대를 형성하고 있다. 같은 날 상장한 '넥스트바이오메디컬'도 공모가 대비 18%나 하락했었다.

　'인기 공모주니까 청약해서 용돈이라도 벌어야지.'라는 생각을 버리자. 이 공모가에 합당한 수익구조와 함께 안정적인 배당이 가능한 기업인지, 건실한 기업이더라도 공모가에 거품이 낀 것은 아닌지 스스로 판단해야 한다. 그래야 자신의 소중한 자산을 지킬 수 있다.

광풍 뒤에 남은 '타짜' 속 호구, 테마주 이야기

대선이나 재난, 산업구조의 변화 같은 이벤트 뒤에는 테마주들이 급등한다. 코로나바이러스가 유행할 때는 먼저 백신이나 치료제, 제약회사 관련주들이 급등했다. 이어서 사회적 거리두기로 재택근무가 늘어나자 언택트주들이 급등했다. 그뿐만 아니라 '테슬라'가 등장하며 전기차 관련주들이 급등하자 전기차의 핵심 소재인 2차전지와 2차전지 소재 관련주가 뒤를 따랐다. '에코프로'로 1,000% 이상의 이익을 거두고 퇴사한 직장인 이야기가 화제였었다.

이렇게 테마주나 급등주로 수백%의 이득을 보거나 퇴사했다는 소식을 들으면 귀가 솔깃해진다. 나도 운이 좋으면 가능하지 않을까라는 생각도

에코프로의 주가 변동

출처: 네이버페이 증권

들 것이다. 그런데 과거의 슈퍼스타였던 급등주와 테마주의 현재 주가는 어떨까?

위에서 등장한 에코프로는 2022년 12월부터 2023년 8월까지 불과 8개월 만에 1,000% 이상 상승하며 30만 원을 돌파했다. 하지만 2025년 초에는 6만 1,500원이라는 초라한 성적표를 받고 있다. FOMO 때문에 에코프로에 투자했다면 자산 대부분을 잃을 수도 있던 위험한 투자였다.

대선 테마주도 마찬가지다. 대선이 다가올 때마다 몇몇 주식이 호사가의 입에 오르내리지만, 보통 대선후보와 지연이나 학연, 혈연으로 선정되기에 실제로 그 후보가 당선되더라도 기업 실적이 좋아지는 경우는 거의 없다. 결국 대부분은 급등한 가격 대부분을 토해내며 하락 후 횡보한다.

테마주의 낙폭 (2025년 1월 14일 기준)   (단위: 원, %)

분야	사명	최고가	현재가	등락률
2차전지	금양	194,000	20,150	-89.61
2차전지	에코프로	307,800	61,500	-80.01
2차전지	에코프로비엠	584,000	120,500	-79.34
대선	남선알미늄	7,980	1,510	-81.07
대선	이월드	6,720	1,518	-77.41
대선	신송홀딩스	19,350	6,480	-66.51

출처: 네이버페이 증권

이런 위험성에도 '상승 초기에 매수해서 잘 매도하면 큰 수익을 낼 수 있지 않을까.'라며 일말의 기대를 품는 사람들이 있지만, 사실은 거의 불가능하다. 이러한 테마주 랠리 대부분은 굉장히 정교하게 설계된 이벤트

이기 때문이다. 적게는 수 명 많게는 수십 명의 테마주 설계 전문가들이
셋업부터 탈출까지 다양한 계획을 만들고 막대한 자금으로 주가를 움직
인다. 언론과 커뮤니티를 활용하고 차트를 조작해 개인투자자의 심리를
원하는 방향으로 움직이는 것이다.

결국, 테마주 투자는 영화 '타짜'에서 나올 법한 도박판에 뛰어드는 것
과 마찬가지다. 운 좋게 몇 번은 수익을 낼 수 있어도, 투자 횟수가 늘어
날수록 돈을 잃을 가능성이 커진다. 물론 '전기차의 대중화가 이뤄져 관
련주들의 실적과 배당이 수십, 수백 배 성장하지 않을까?'라고 생각해 오
랜 기간 투자할 수도 있다. 하지만 언제나 정확하게 계산하고 다른 배당
성장주와 비교해야 한다. 실제로 투자할만한 가치가 높은지 말이다.

1-3

배당성장주
투자 시작하기

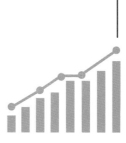

<u>소액으로 시작하는 배당성장주</u> 사회초년생편

보통 배당주에 투자하려면 시드머니가 많아야 한다고 생각한다. 또 젊을 때는 성장주 위주로 투자하고 노후에 현금흐름을 위해서 배당주로 갈아타야 한다고 주장한다. 하지만 배당성장주 투자는 젊었을 때부터, 그리고 소액부터 시작해야 한다. 그 이유를 알기 위해 지금까지 나의 투자 여정을 따라가 보자.

나의 첫 투자는 군대에서 시작되었다. 당시 신흥국으로 중국과 인도가 유망해 보여 월급을 모아 두 국가를 다루는 펀드에 투자했다. 그 결과는 100% 이상의 수익률과 5,000만 원의 계좌였다. 투자 초심자의 행운이었다. 전역 후에는 취직한 직장에서 받는 200만 원의 월급을 아끼고 아껴 매달 100만 원씩 주식에 투자했다. 그리고 8년이라는 시간 뒤 내 시드머니는 1억 원이었다.

뭔가 이상했다. 군대에서 모은 5,000만 원과 8년 동안 모은 돈 9,600만 원을 합치면 약 1억 5,000만 원이 되어 있어야 했기 때문이다. 이유는 간단했다. 8년 동안 공부도 제대로 하지 않고 시세차익만 노렸기에 오히려 원금을 까먹은 것이다. 하지만 2016년 배당성장주를 공부하며 기반을 다지자 2018년부터 시드머니와 배당금이 급격하게 늘어났다. 만약 2007년부터 지금처럼 배당성장주에 꾸준히 투자했다면 시드머니와 배당금은 몇 배나 더 커졌을 것이다. 어떻게 그럴 수 있을까?

만약 당신이 연봉이 3,000만 원인 사회초년생 A라고 가정해보자. 매년 생활비로 1,500만 원을 쓰고 나머지 1,500만 원은 배당성장주를 꾸준히 산 뒤 배당금을 재투자하면 어떻게 될까? 이때 배당성장주는 현재 주가 대비 배당률이 5%고 매년 실적이 성장하며 배당금이 7%씩 성장하지만, 주가는 변동이 없다고 가정하자. (배당금의 변동: 500원(1년 차), 535원(2년 차), 572원(3년 차)…)

1년 차에는 투자원금 1,500만 원의 5%인 75만 원의 배당금이 발생한다. 이 배당금을 재투자하고 1,500만 원을 추가로 넣어 2년 차의 누적 투자금은 3,075만 원, 배당금은 이에 대한 5.35%인 164만 원이 된다. 이런 식으로 투자를 이어간다면? 9년 차에는 내가 매년 넣는 1500만 원보다 많은 배당금인 1,530만 원을 받게 된다. 15년 차에는? 시드머니만 4억 3,900만 원, 연간 배당금으로만 5,660만 원을 받아 현재 물가 기준으로 충분히 은퇴를 고려할 수 있다.

은퇴를 앞둔 50세, 투자 20년 차의 성적은 어떨까? 시드머니 9억

시간의 흐름에 따른 자산의 증가 (단위: 원)

연차	누적 투자금	현재 평가금	누적 주식수	주당배당금	배당률	총배당금
1	15,000,000	15,000,000	1,500	500	5.00	750,000
2	30,000,000	30,750,000	3,075	535	5.35	1,645,125
9	135,000,000	178,630,585	17,863	859	8.59	15,346,030
15	225,000,000	439,213,175	43,921	1,289	12.89	56,626,309
20	300,000,000	979,169,446	97,917	1,808	18.08	177,059,663

7,900만 원과 1억 7,700만 원 정도의 배당금이 발생한다. 앞으로의 물
가 상승률을 고려하더라도, 주가 성장을 뺀 배당 성장만으로 일하지 않

시간의 흐름에 따른 자산 변화 그래프

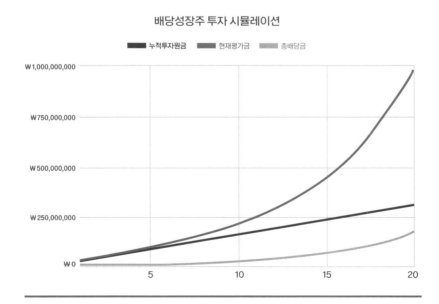

배당성장주 투자 시뮬레이션

■ 누적투자원금 ■ 현재평가금 ■ 총배당금

고 여유롭게 생활할 수 있는 현금흐름이 만들어진 것이다.

앞의 내용을 그래프로 나타내면 다음과 같다. 처음에는 시드머니와 배당금이 투자원금과 비슷한 속도로 증가한다. 하지만 일정 시점을 지나면 시간이 지날수록 자산이 빠르게 증가하는 것을 볼 수 있다.

주가가 상승하지 않아도, 배당금이 현재 주가 대비 배당수익률이 5%이고 매년 배당금이 7%씩만 성장하는 주식을 매년 1,500만 원씩 20년 동안 꾸준히 매수하고 배당금을 재투자하는 것으로 만들어 낼 수 있는 결과다. 배당금의 복리와 배당금 재투자 복리라는 더블 복리. 그리고 꾸준한 자금 투입이 만든 성과다.

시작부터 많은 돈을 투자한다면? 은퇴자 편

당연한 말이지만 목돈을 투자하면 당장 받게 되는 배당금의 규모가 커진다. 배당성장주라는 눈덩이가 시작부터 크게, 더 빠르게 굴러가는 것이다. 나의 투자 경험담에서 2018년부터 급격하게 성장할 수 있던 이유는 1억 원이라는 시드머니에 대출을 추가해 더 큰 눈덩이를 굴린 덕분이다. 이 내용을 이해하기 위해 앞서 말한 사회초년생 대신 은퇴를 앞둔 분들로 시뮬레이션해보자.

은퇴를 앞두고 모아둔 시드머니가 5억 원 정도 있다. 이를 현재 배당수익률이 5%, 배당성장률이 7%인 배당성장주에 투자한다고 가정해보자. 역시 주가의 변동은 없다고 가정하겠다. 다만, 사회초년생과 다르게 배당금은 생활비로 사용해서 재투자하지 못한다면 어떻게 될까?

먼저 배당금은 1년 차에 2,500만 원이 나온다. 이 배당금을 재투자하지는 않지만 배당금 성장이라는 복리 효과는 발생한다. 그 결과, 10년 차에는 4,596만 원, 15년 차에는 6,446만 원, 20년 차에는 9,041만 원의 배당금이 생긴다. 이렇게 목돈을 배당성장주에 투자하면 안정적인 노후 생활을 유지할 수 있다. 신규 자금 투자나 배당금 재투자를 못하더라도 말이다.

투자 기간에 따른 자산의 변화_배당 재투자 X (단위: 원, 주)

연차	총투자금	누적 주식수	총배당금*
1			25,000,000
5			32,769,900
10	500,000,000	50,000	45,961,480
15			64,463,354
20			90,413,188

(*주가 변동 없음, 연간 배당성장률 7% 기준)

만약 은퇴한 뒤에도 근로나 사업을 통해 생활비를 충당하고 배당금을 전부 재투자하면 어떤 결과가 나올까? 배당금 성장과 배당금 재투자라는

투자 기간에 따른 자산의 변화_배당 재투자 O (단위: 원, 주)

연차	총투자금	누적 주식수	총배당금*
1	500,000,000	50,000	25,000,000
5	620,566,127	62,057	40,671,780
10	892,380,474	89,238	82,030,255
15	1,474,670,766	147,467	190,124,447
20	2,942,915,777	294,292	532,156,797

(*주가 변동 없음, 연간 배당성장률 7% 기준)

복리 효과를 같이 누리기에 더 빠르고 크게 성장할 것은 분명하다 10년 차에는 8억 9,238만 원의 시드머니에서 8,203만 원의 배당금을, 15년 차에는 14억 7,467만 원의 시드머니에서 1억 9,012만 원의 배당금을, 20년 차에는 29억 4,291만 원의 시드머니에서 5억 3,215만 원의 배당금을 받게 된다.

배당금을 재투자하지 않은 경우와 비교해보면 20년 차의 시드머니와 배당금은 4배나 차이나게 된다. 그렇기에 은퇴하더라도 바로 일을 그만두기보다 가능한 일을 하며 배당금을 재투자하는 것을 권하고 싶다. 시간이 지날수록 훨씬 여유로운 생활이 가능해지기 때문이다.

배당 재투자 여부에 따른 연간 배당금의 차이

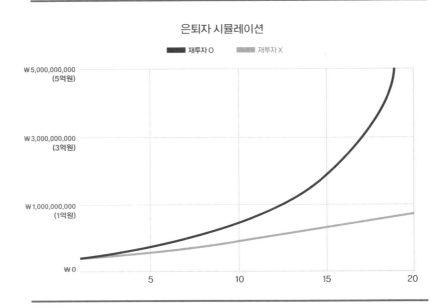

은퇴자 시뮬레이션

현재 우리나라의 기대 수명은 약 82세이지만, 학계에서는 2040년의 기대 수명을 90세로 전망하고 있다. 지금 60세에 은퇴하더라도 약 30년에서 40년을 더 살아야 한다는 의미다. 은퇴했다고 아예 일을 하지 않으면 금방 늙는다고 한다. 자신에게 적합한 일을 통해 두뇌와 육체를 꾸준히 사용하고, 사회적인 교류를 유지해 나가는 것이 건강에도 훨씬 좋고 즐겁다.

또 지출은 꼭 필요한 곳에만 할 수 있어야 한다. 가능하다면 근로로 얻은 소득만 지출하고, 부족하다면 배당금 범위 내에서만 지출하자. 언제나 우선순위는 최대한 많은 돈의 재투자고, 원금을 사용하는 것은 최후의 수단이 되어야 한다. 배당금과 시드머니의 규모에 따라 우리가 누릴 노후의 질이 크게 달라지기 때문이다.

주가가 하락해도 상승해도 마음 편한 배당성장주 투자

앞의 시뮬레이션들은 사실 약간의 편의적인 조정이 들어가 있다. 배당금의 재투자 여부나 납입금에 따라 수익률이 바뀌었지만, 주가는 고정되어 있었기 때문이다. 물론 실제 투자에서 20년 넘게 횡보하는 주식은 거의 없다. 다른 조건을 더 쉽게 보여주기 위한 가정일 뿐이다. 하지만 정말로 배당성장주 투자는 주가 움직임에 크게 신경 쓰지 않아도 된다는 압도적인 장점이 있다.

주가가 하락하면 배당금을 받아도 원금을 잃는다고 반문할 수 있다. 하지만 우리는 매년 배당금이 성장하는 우량기업을 찾는 법을 배울 것이고, 이런 기업에 투자하면 크게 걱정하지 않아도 좋다. 잠시 원금에 손실이 있어도 그만큼 배당금 성장 속도가 빨라져 손실을 충분히 커버하기 때문이다. 다음 내용을 읽어보자.

우리는 앞선 예시에서 주가를 고정했지만, 이번에는 매년 7%씩 하락한다고 가정해보자. 다른 조건은 모두 같다. 주가 대비 배당률은 5%이며 매년 7%씩 배당금이 성장하는 주식을 매년 1,500만 원씩 매수하고 배당금은 재투자하는 조건이다.

투자 5년 차의 시드머니는 7,452만 원이다. 주가 하락 때문에 배당금을 재투자했어도 내가 지금까지 투자한 원금보다 낮아진 것이다. 하지만 반대로 살 수 있는 주식의 양은 오히려 늘어나 보유 주식이 급격히 증가한다. 덕분에 연간 배당금도 크게 늘어 약 653만 원으로 앞선 사례의 551만 원보다 100만 원이나 더 증가한다. 10년 차 시드머니는 1억 7,946만 원으로 기존 사례보다 10% 줄었지만, 배당금은 3,170만 원으로 오히려 50%나 많아졌다. 15년 차에는 5억 원의 시드머니를 달성하며 처음으로 기존 사례를 10% 추월하고, 배당금은 1억 7,823만 원으로 기존보다 200% 많아진다. 20년 차는 기존 사례보다 200% 많은 29억 5,000만 원의 시드머니에서 900% 많은 21억 2,820만 원의 배당금을 받게 된다. 다소 극단적인 사례이긴 하다. 하지만 주가 하락으로 인한 주식 보유량의 증가는 중장기적으로는 훨씬 많은 자산을 쌓을 수 있다는 것을 알 수 있다.

그럼 저렇게 배당금이 성장하는 종목은 다른 사람들도 반드시 매수하고, 그만큼 주가도 오르지 않겠냐며 되물을 수 있다. 그리고 주가가 오르는 만큼 살 수 있는 주식의 개수가 줄어 더 적은 배당금을 받게 된다고 말

주가가 7%씩 하락했을 때의 자금 흐름 (단위: 원, %)

연차	총투자금	주가	주당배당금	배당률	총배당금*
1	15,000,000	10,000	500	5.00	750.000
5	74,524,377	7,481	655	8.76	6,529,376
10	179,467,910	5,204	919	17.66	31,700,366
15	500,519,244	3,620	1,289	35.61	178,238,858
20	2,950,414,614	2,519	1,808	71,79	2,118,208,997

(*배당금 전액 재투자, 연간 배당성장률 7% 기준)

이다. 앞에서는 주가가 7%씩 떨어졌으니 이번에는 7%씩 오른다고 가정해보자.

1년 차는 앞선 사례들과 같지만, 2년 차는 주가가 고정되었을 때보다 많은 3,180만 원의 시드머니가 만들어진다. 하지만 주가가 오른 만큼 신규 자금 1,500만 원과 배당금으로 살 수 있는 주식이 줄어들며, 159만 원으로 줄어든 배당금을 받게 된다.

10년 차는 2억 6,323만 원의 시드머니에서 1,316만 원의 배당금이 나온다. 주가 상승 덕분에 시드머니는 주가 변동이 없는 사례보다 6,000만 원이 많지만, 주식 매수량이 줄어 연간 배당금은 1,316만 원으로 600만 원이 줄었다.

15년 차의 시드머니는 5억 5,919만 원으로 주가 변동이 없는 경우보다 1억 2,000만 원이 더 많지만, 주식 매수량이 줄어들며 연간 배당금은 2,795만 원으로 거의 50%나 줄어든다.

마지막으로 20년 차는 주가 변동이 없는 경우보다 1억 원 정도 많은 시드머니에서 5,403만 원의 연간 배당금을 받으며 배당금만 1억 2,000

주가가 7%씩 상승했을 때의 자금 흐름

연차	총투자금	주가	주당배당금	배당률	총배당금*
1	15,000,000	10,000	500	5.00	750.000
5	95,292,710	13,108	655	5.00	4,764,636
10	263,231,026	18,385	919	5.00	13,161,551
15	559,195,720	25,785	1,289	5.00	27,959,786
20	1,080,786,637	36,165	1,808	5.00	54,039,332

(*배당금 전액 재투자, 연간 배당성장률 7% 기준)

만 원가량 줄어들었다. 하지만 역시나 은퇴를 고려해 볼 수 있을 정도의 시드머니와 배당금임은 분명하다. 즉 어떤 경우라도 20년을 꾸준히 투자하면 조기 은퇴가 가능하다.

우리에게 최고의 상황은 배당금은 늘어나는데 주가는 오랫동안 정체나 하락하다 일시에 부정적인 여론이 해소되며 주가가 폭발적으로 성장하는 것이다. 다행스럽게도 대부분의 배당성장주들이 이러한 패턴으로 움직이는 경우가 많다. 오랫동안 시장의 오해를 받으며 주가가 정체하거나 하락하지만, 어느 순간 오해가 해소되고 시장의 이목을 끌며 주가가 급등하는 것이다. 나도 이런 상황을 몇 번 겪었고 그때마다 엄청난 자산의 성장이 일어났다. 즉, 우리가 집중해야 할 것은 주가가 아니다. 회사의 사업과 배당금이 계속 성장할 주식을 찾아 투자하는 것이다.

2장

배당성장주 투자
제대로 분석하기

2-1

떡잎부터 다른
배당성장주 찾기

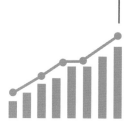

내가 원하는 주식을 빠르게 찾는 법

내가 자주 사용하는 사이트, '아이투자'는 (www.itooza.com) '워치리스트'라는 서비스를 제공하고 있다. 특정한 조건을 만족하는 주식을 찾아주는 무료 서비스로, 우리가 원하는 배당성장주의 조건을 입력하면 그 조건에 해당하는 주식을 간단하게 찾을 수 있다. 방법은 다음과 같다.

① '아이투자' 사이트에 접속하기

서비스는 무료지만, 회원가입과 로그인을 거쳐야 이용할 수 있다. 로그인에 성공했다면 그림 속 박스로 강조한 '종목분석', '워치리스트'를 차례로 선택하자.

아이투자 이용법 ①

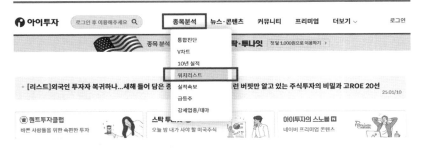

아이투자 이용법 ②

아이투자 이용법 ③

출처: 아이투자

아이투자 이용법 ④

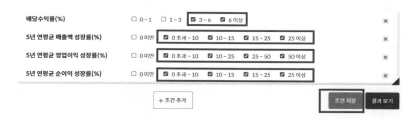

② 나만의 리스트 만들기

'새 My리스트 만들기'를 눌러 다음으로 진행하자.

③ 원하는 조건 고르기

자신이 원하는 조건을 선택하고 가장 아래의 '완료' 버튼을 누른다. 예시에선 배당성장주의 가장 핵심인 배당수익률, 5년 연평균 매출액 성장률, 5년 연평균 영업이익 성장률, 5년 연평균 순이익 성장률을 선택했다.

④ 원하는 수치 입력하고 저장하기

각 항목에서 자신이 원하는 수치를 선택하고 '조건 저장' 버튼을 누른다. 예시에서는 배당수익률 3% 이상, 매출액 성장률과 영업이익 성장률, 순이익 성장률을 0% 이상으로 지정했다.

⑤ 조건에 맞는 주식 확인하기

아이투자 이용법 ⑤

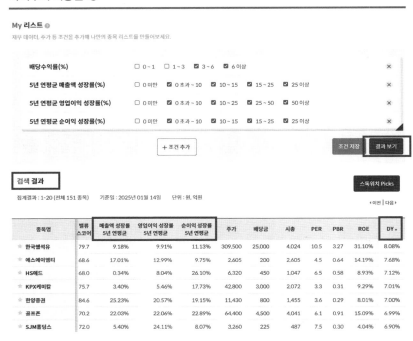

My 리스트 ⍰

재무 데이터, 주가 등 조건을 추가해 나만의 종목 리스트를 만들어보세요.

배당수익률(%)	☐ 0~1 ☐ 1~3 ☑ 3~6 ☑ 6이상	✕
5년 연평균 매출액 성장률(%)	☐ 0미만 ☑ 0초과~10 ☑ 10~15 ☑ 15~25 ☑ 25이상	✕
5년 연평균 영업이익 성장률(%)	☐ 0미만 ☑ 0초과~10 ☑ 10~25 ☑ 25~50 ☑ 50이상	✕
5년 연평균 순이익 성장률(%)	☐ 0미만 ☑ 0초과~10 ☑ 10~15 ☑ 15~25 ☑ 25이상	✕

+ 조건 추가   조건 저장   결과 보기

검색 결과

집계결과: 1-20 (전체 151 종목)   기준일 : 2025년 01월 14일   단위 : 원, 억원

스톡워치 Picks

‹ 이전 | 다음 ›

종목명	밸류 스코어	매출액 성장률 5년 연평균	영업이익 성장률 5년 연평균	순이익 성장률 5년 연평균	주가	배당금	시총	PER	PBR	ROE	DY ▾
☆ 한국쉘석유	79.7	9.18%	9.91%	11.13%	309,500	25,000	4,024	10.5	3.27	31.10%	8.08%
☆ 에스에이엠티	68.6	17.01%	12.99%	9.75%	2,605	200	2,605	4.5	0.64	14.19%	7.68%
☆ HS애드	68.0	0.34%	8.04%	26.10%	6,320	450	1,047	6.5	0.58	8.93%	7.12%
☆ KPX케미칼	75.7	3.40%	5.46%	17.73%	42,800	3,000	2,072	3.3	0.31	9.29%	7.01%
☆ 한양증권	84.6	25.23%	20.57%	19.15%	11,430	800	1,455	3.6	0.29	8.01%	7.00%
☆ 골프존	70.2	22.03%	22.06%	22.89%	64,400	4,500	4,041	6.1	0.91	15.09%	6.99%
☆ SJM홀딩스	72.0	5.40%	24.11%	8.07%	3,260	225	487	7.5	0.30	4.04%	6.90%

출처: 아이투자

아이투자 이용법 ⑤의 첫 번째 사진 속 '결과보기' 버튼을 누르면 조건을 만족하는 배당주들을 볼 수 있으며, 원하는 조건을 기준으로 오름차순 또는 내림차순으로 정렬할 수 있다. 두 번째 사진 속 가장 오른쪽 박스 'DY(Dividend Yield)'를 눌러 배당수익률을 내림차순 정렬하였다.

예시 속 자료는 2025년 1월 14일의 검색 결과이다. 그 시점에서 배당수익률이 가장 높은 '한국쉘석유'는 주가 대비 배당금 수익률이 8%, 최근 5년 매출액과 영업이익, 순이익의 연평균 성장률이 10%를 넘었다. 2

번째로 배당수익률이 높은 '에스에이엠티'란 회사는 주가 대비 배당금 수익률 7.68%에 최근 5년의 연평균 매출 성장이 17%에 달했다.

회사의 견조함을 알 수 있는 순이익 성장률 5년 연평균 항목을 내림차순 정렬하면 어떤 결과가 나올까? 이 항목의 1등인 '인지컨트롤스'의 순이익 성장률은 무려 109.37%였다. 매년 순이익이 2배씩 증가했다는 뜻이다. 주가 대비 배당수익률도 3.45%나 된다. 이렇게 꾸준히 성장하고 이에 비례해 배당금도 커진다면, 매년 2배씩 늘어날 배당금을 기대할 수 있다.

이렇게 내가 제시한 사이트를 잘 활용하면 배당수익률과 실적 성장률이 준수한 배당성장주를 쉽게 찾을 수 있다. 다만, 정확한 수치가 반영되지 않은 경우도 있고, 지금까지 좋았다고 해서 앞으로도 좋으리라고는 확신할 수 없다. 그렇기에 더 자세한 분석이 필요하다. 지금까지의 성장률을 지속할 수 있을 것인지? 그에 따라 배당금이 성장해 나갈 가능성이 높은지 예측해보아야 한다. 이런 분석 방법은 이어지는 본문, '사업모델과 성장성'에 자세히 정리되어 있다.

미래의 텐배거, 성장성 높은 주식 찾기

아이투자의 '실적속보 활용하기' 서비스도 배당성장주를 찾아낼 좋은 도구다. 필요성은 알고 있지만 찾기 번거로운 주식회사들의 과거 실적을 지금 실적과 빠르게 비교해주기 때문이다. 이 서비스를 통해 실적이 급격하게 성장한, 바꿔말하면 배당성장주의 필수조건인 성장성이 높은 기

실적속보 확인하기

업들을 쉽게 찾을 수 있다. 또 이렇게 찾은 기업들을 조금 더 분석했을 때 급성장한 실적을 유지하리란 확신이 들거나 배당성장주의 기본자질을 확인했다면? 시간을 많이 투자하지 않고 좋은 배당성장주에 투자할 기회를 잡을 수 있다. 확인 방법은 다음과 같다.

그림에서 강조한 것처럼 아이투자의 '종목분석', '실적속보' 배너를 차례로 선택한 뒤 매출액의 '전년비'를 눌러 내림차순으로 정렬하자. 그리고 이렇게 얻은 기업 목록에서 매출액뿐만 아니라 영업이익과 순이익도 같이 성장한 기업을 찾아야 한다. 매출액과 이익이 함께 성장했다는 것은 해당 기업이 건강하게 성장하고 있다는 증거이기 때문이다.

예를 들어 '실리콘투'의 2024년 3분기 실적은 작년과 비교했을 때 85%의 매출 증대, 182%의 영업이익 증가, 123%의 순이익 증가가 발생하며 완전히 다른 회사로 변모했다. '주성엔지니어링' 역시 매출은 71%, 영업이익은 744%, 당기순이익은 799% 증가했다.

이렇게 작년 동기 대비 실적이 크게 성장한 주식들을 찾고 분석하면 좋은 배당성장주를 얻을 기회를 잡을 수 있다. 물론 최근 분기 실적이 일시적이거나 다른 불안 요소들이 있을 수 있다. 그렇기에 앞에서 말한 것처럼 이렇게 찾은 주식이 좋은 배당성장주인지 꼼꼼히 분석하자. 참고로 주식회사들의 1분기 실적은 5월 초중순, 2분기는 8월 초중순, 3분기는 11월 초중순, 4분기는 3월 중에 정산 및 갱신하기 때문에, 이 시기에 실적속보를 유심히 확인하는 것이 가장 효율적이다.

클릭 한 번으로 배당수익률 높은 주식 찾기

때로는 높은 배당수익률이 좋은 배당성장주의 단서가 된다. 성장성이 높지는 않아도 당분간 높은 배당금을 누릴 수 있기 때문이다. 만약 배당수익률과 성장성이 모두 높다면 최고의 배당성장주가 될 수도 있다.

높은 배당수익률을 제공하는 국내 주식을 찾을 때는 '네이버페이 증권'이 가장 간편하다. 이곳에 접속해 '국내증시', '배당' 배너를 차례로 선택하자. 상장회사들의 배당 관련 정보를 쉽게 검색할 수 있다.

이렇게 클릭 한 번이면 배당금의 액수나 주기, 배당수익률부터 ROE, PER, PBR 등 핵심 투자지표도 알 수 있다. 또 지난 3년간의 배당 내역도 확인할 수 있어 배당의 안정성도 함께 확인할 수 있다. 이런 자세한 지표나 자료을 엮어 안정적이거나 일관성 있는 주식들을 찾는 것이다.

예를 들어, 앞의 이미지 속 도표 최상단의 '에이블씨엔씨'를 확인해보자.

주가 대비 2024년 배당금 수익률이 20.07%에 달한다. 물론 미래에도 이렇게 높은 수익률을 거둔다고 확신할 수는 없다. 그렇기에 지금의 높은 배당금이 꾸준할지 확인하고 투자해야 한다. 확인하는 방법은 다음과 같다.

에이블씨엔씨의 2024년 배당금은 1,427원이지만 최근 3년 동안의 배당금은 0원이었다. 그리고 2024년의 배당성향은 605.2%로 순이익을 훨씬 초과한 배당금 지급임을 알 수 있다. 결국, 미래에도 안정적인 배당을 줄 것으로 기대하긴 힘들다.

반면 한국쉘석유의 2023년 주가 대비 배당금 수익률은 10.55%다. 배당금은 2만 5,000원으로 1년~3년 전의 배당금이 1만 4,000원(2022), 1

만 9,000원(2021), 1만 8,000원(2020)이니 30%~40% 정도의 차이가 있다. 배당성향은 87% 정도로 높은 수준이지만 적어도 순이익 내에서 배당금이 지급되었다.

이런 데이터를 바탕으로 한국쉘석유는 높은 배당성향을 유지하는 배당주라는 것을 알아냈다면, 다음은 미래 배당의 성장 동력이 될 한국쉘석유의 최근 실적을 확인하자. 만약 최근 실적도 좋아서 꾸준한 성장까지 기대할 수 있다면? 충분히 좋은 배당성장주가 될 자질이 있다고 판단해도 좋다.

그렇다면 미국 배당주는 어떻게 찾나요?

미국 배당주를 간단하게 확인하는 첫 번째 방법은 '디버덴드닷컴'라는 사이트를 활용하는 것이다(www.dividend.com). 사이트에 접속한 뒤 다음 장의 예시처럼 'High Yield', 'Yields over 4%' 배너를 차례로 선택하자. 배당수익률이 4%가 넘은 주식, ETF, 펀드 등을 쉽게 검색할 수 있다. 물론 배당수익률이나 시가총액, 주가 기준을 내림차순이나 오름차순으로 정렬하는 것도 가능하다.

만약 정말 빠르게 배당금을 받고 싶은 투자자라면 '인베스팅닷컴의 배당 달력에 도전해보자. (www.investing.com) 여기에는 재미있는 기능이 있는데, 배당기준일에 따라 주식을 정렬해 준다는 것이다. 곧 배당기준일이 다가오는 주식부터 배당수익률은 얼마나 되는지, 배당금 지급일은 언제인지 한눈에 볼 수 있다. 그리고 개중에 내가 투자할만한 배당성

디버덴드닷컴 이용하기 ①

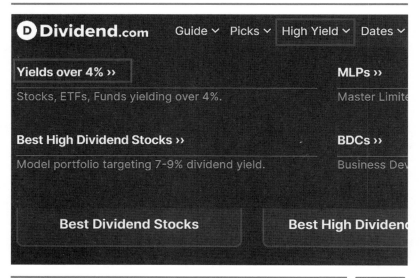

디버덴드닷컴 이용하기 ②

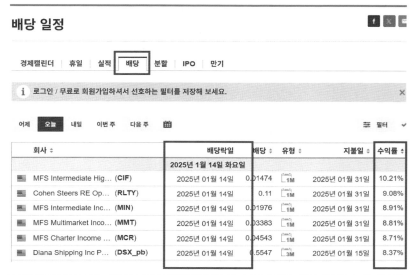

배당 일정

경제캘린더 | 휴일 | 실적 | **배당** | 분할 | IPO | 만기

ⓘ 로그인 / 무료로 회원가입하셔서 선호하는 필터를 저장해 보세요.   ✕

어제 **오늘** 내일 이번 주 다음 주 📅   ⇄ 필터 ✓

회사 ⇕	배당락일	배당 ⇕	유형 ⇕	지불일 ⇕	수익률 ⇕
	2025년 1월 14일 화요일				
🇺🇸 MFS Intermediate Hig... **(CIF)**	2025년 01월 14일	0.01474	1M	2025년 01월 31일	10.21%
🇺🇸 Cohen Steers RE Op... **(RLTY)**	2025년 01월 14일	0.11	1M	2025년 01월 31일	9.08%
🇺🇸 MFS Intermediate Inc... **(MIN)**	2025년 01월 14일	0.01976	1M	2025년 01월 31일	8.91%
🇺🇸 MFS Multimarket Inco... **(MMT)**	2025년 01월 14일	0.03383	1M	2025년 01월 31일	8.81%
🇺🇸 MFS Charter Income ... **(MCR)**	2025년 01월 14일	0.04543	1M	2025년 01월 31일	8.71%
🇺🇸 Diana Shipping Inc P... **(DSX_pb)**	2025년 01월 14일	0.5547	3M	2025년 01월 15일	8.37%

출처: 인베스팅닷컴

장주가 있다면? 매우 빠른 시기에 첫 배당금을 누리며 투자를 시작할 수 있다.

생활 속에서 매력적인 배당성장주 찾기

전문적인 사이트에서 수치를 뒤져가며 찾아도 좋지만, 내가 자주 사용하는 제품이나 서비스를 통해서도 좋은 배당성장주를 찾을 수 있다. 2018년 카카오뱅크 서비스 출시 초기의 일이다. 아주 잠깐 사용해봤지만 사용하기 편한 구성이나 디자인, 그리고 카카오라는 플랫폼에 들어간다는 것이 너무 매력적이었다.

그러나 투자하고 싶어도 당시 카카오뱅크는 비상장 상태여서 직접 투자는 어려웠다. 비상장 시장을 둘러봐도 이미 너무 높은 주가에 거래되고 있었다. 우회 투자 방법을 찾던 중 카카오뱅크의 지분구조가 눈에 들어왔다. 카카오와 한국금융지주 (한국투자증권의 지주회사)가 최대주주였다. 이중 카카오는 주가 대비 실적과 배당금이 너무 낮았고, 한국금융지주 우선주의 투자 매력도가 높았다. 이익수익률이 20%, 배당수익률이 4%대였으니 말이다. 거기에 기대한 것처럼 카카오뱅크의 빠른 성장과 높은 수익, 그리고 배당금이 더해진다면? 한국금융지주의 매력이 늘어날 것은 자명했다.

그래서 한국금융지주 우선주에 투자를 시작했다. 한국금융지주는 2018년 순이익 5,296억 원을 내고, 1,800원의 배당금을 지급했다. 이후 2019년에는 순이익 8,472억 원에 배당금 2,900원, 2020년에는 순이익 8,600억 원에 배당금 3,000원으로 크게 성장했다. 불과 2년 만에 순이익과 배당금이 70% 가까이 성장한 것이다. 덕분에 한국금융지주 우선주의 주가도 크게 올라 2018년 초 4만 원 후반이었던 주가는 2021년 상반기 10만 원까지 상승한다.

모든 것이 좋을 수는 없었다. 이런 상승의 대가로 배당수익률은 3%대로 떨어졌고, 실적과 배당 대비 주가가 과도하다는 생각이 들었다. 결국 2021년 초 한국금융지주 우선주를 전량 매도하고 다른 매력적인 배당성장주로 이동했다. 이 과정에서 약 60% 정도의 수익률과 5,000만 원 정도의 수익이 발생했다.

생활 속에서 찾은 매력적인 배당성장주는 이뿐만이 아니다. 10년 가까

한국금융지주우 **071055** `코스피` 📊 2025.01.14 14:02 기준(장중) `실시간`

53,200
전일대비 ▲200 +0.38%

| 전일 53,000 | 고가 53,500 (상한가 68,900) | 거래량 5,857 |
| 시가 53,300 | 저가 52,800 (하한가 37,100) | 거래대금 311 백만 |

| 선차트 | 1일 | 1주일 | 3개월 | 1년 | 3년 | 5년 | 10년 | | 봉차트 | 일봉 | 주봉 | 월봉 |

최고 **106,000** (04/16)

116,821
99,379
81,937
64,495
47,054
29,612
12,170

● 최저 **20,700** (03/27)

거래량

2015/01　　2017/01　　2019/01　　2021/01　　2023/01　　2025/01

출처: 네이버페이 증권

이 타던 자동차를 바꿔야겠다는 생각에 여러 자동차 브랜드의 주력 모델을 비교·분석한 적이 있다. 예전부터 독일 3사의 차량을 꼭 타보고 싶어서 알아보던 중, 자동차 업계의 지인이 '현대자동차'의 제네시스를 추천했다. 제네시스가 수입차 못지않게 승차감과 디자인도 좋다. 비슷한 가격대면 실내 장식이나 각종 편의시설이 훨씬 좋다는 거였다.

　지금까지 가지고 있던 선입견을 버리고 동일 가격대에서 비교해보니 제네시스의 전반적인 평가가 가장 좋았다. 거기에 수입차의 평판이 압도적으로 좋았던 예전과 다르게 제네시스와 현대차에도 고급스럽고 긍정적인 평판이 구축되어 있었다. '언제 이렇게 현대차가 좋아졌지?'라는 생각에 기업을 조금 더 살펴보았다.

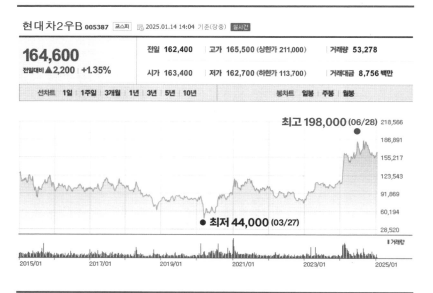

현대차2우B 005387 코스피 2025.01.14 14:04 기준(장중) 실시간

164,600
전일대비 ▲2,200 | +1.35%

| 전일 162,400 | 고가 165,500 (상한가 211,000) | 거래량 53,278 |
| 시가 163,400 | 저가 162,700 (하한가 113,700) | 거래대금 8,756 백만 |

선차트 1일 1주일 3개월 1년 3년 5년 10년   봉차트 일봉 주봉 월봉

최고 198,000 (06/28)

● 최저 44,000 (03/27)

출처: 네이버페이 증권

분명 2020년까지는 이익이 급격하게 줄었지만, 2021년을 기점으로 매출과 이익이 크게 성장하고 있었다. 게다가 2023년 초에는 배당성향을 25%로 조정하고 분기배당까지 시행하며 배당정책을 강화했다. 당시 증권사에서 예상하던 2023년 순이익과 현대차가 발표한 배당성향을 계산하니 주당배당금이 무려 1만 원 이상으로 도출되었다. 그런데 당시 현대차 우선주 주가는 10만 원 정도였으니 배당수익률이 10%가 넘는다는 이야기였다.

결국 현대차 우선주에 투자하며 차량까지 현대차의 제네시스로 바꾸게 되었다. 이후 현대차 우선주의 투자 비중을 90% 이상으로 늘렸고, 18만 원까지 상승하는 주가를 즐길 수 있었다. 이후 더 좋은 투자 대상을 찾아 현대차 우선주를 대부분 매도했지만, 이 과정에서 약 36%의 수익률, 4억 7,000만 원 정도의 시세차익을 얻게 된다.

내 경험만으로 예단하는 것이 아니다. 유명한 투자 대가들도 비슷하게 경험 속에서 투자 기회를 잡곤 했다. 가치투자로 유명한 '피터 린치'는 가족과 함께 마트 구경을 하는 것이 취미였다. 그러던 어느 날 '헤인즈'라는 회사가 슈퍼마켓에서 '레그스'라는 스타킹을 판매하는 것을 발견한다. 헤인즈는 고급 스타킹을 백화점에 공급하는 회사였지만, 슈퍼마켓에도 비교적 저렴한 가격에 고급 제품을 공급하는 결단을 내린 것이다.

린치는 많아야 한 달에 한 번 가는 백화점보다 사람들이 빈번하게 드나드는 슈퍼마켓에서 만족스러워하는 사람들의 반응을 놓치지 않았다. 그리고 이 투자처가 확실한지 분석전문가들과 검증을 시작했다. 먼저 관련 산업과 경쟁사를 분석하고, 미국 전역에 있는 관련 공장을 방문하여 생산 현장까지 꼼꼼히 확인했다. 결국 피터 린치는 일상 속 우연한 단서를 놓치지 않고 500%의 수익률을 기록하게 된다.

이렇게 우리의 생활 속에서도 좋은 투자 기회를 발견할 수 있다. 일상에서 마주치는 제품과 서비스들을 단순히 사용하는 데서 그치지 말자. 과연 투자할만한 가치가 있는지, 투자할 방법이 있을지도 생각하자. 그리고 그 종목에 관한 관심을 조사까지 이어간다면 좋은 투자 기회를 잡을 수 있을 것이다.

2-2

투자에 바로 써먹는
기업분석 도구함

Step 0 <u>시작하기 전에</u>

　배당성장주 분석 방법을 본격적으로 시작하기 전에 당부하고 싶은 것이 있다. 이번 챕터는 쉽지만은 않다. 때로는 어렵고 어색할 수도 있다. 하지만 그렇게 느끼는 것이 당연하다. 왜냐하면 투자자 대부분이 접하지 않았거나 생각하지 않은 방식으로 투자에 접근하기 때문이다. 아무리 똑똑한 사람이라도 처음 접하는 내용은 어렵게 느껴질 수밖에 없다.

　하지만 절대로 어렵지는 않다. 단지 낯설 뿐이다. 나 역시 배당성장주 분석을 처음 공부할 때는 어렵게 느껴졌다. 포기하지 않고 꾸준히 공부하니 이젠 30분 만에 어지간한 주식들을 파악할 수 있게 되었다.

　대신 한 번에 모든 내용을 이해하겠다는 욕심은 버리고 천천히 여유를 두고 접근하자. 처음에는 시간 날 때마다 가볍게 읽어보는 것도 좋다. 그

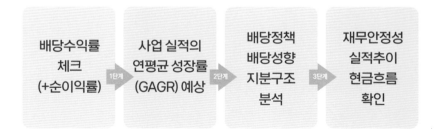

리고 여유가 생기면 하나씩 따라 해보자. 조금 익숙해졌다면 책을 참고하며 끌리는 주식을 직접 분석하자. 그렇게 시간이 날 때마다 책을 참고하며 관심 주식들을 계속 분석하면? 어느새 분석이 쉬워진 자신을 발견하게 될 것이다.

  첫 번째로 배당성장주 분석은 이 주식이 꾸준한 관심을 두고 확인할만한 것인지 판단하는 과정이다. 가장 먼저 확인하는 것은 이 회사가 내 투자금 대비 얼마의 순이익을 벌어서 나에게 얼마를 돌려줄 것인지(이익수익률과 배당수익률) 아는 것이다. 그리고 앞으로의 매출과 이익의 성장성은 어떤지(CAGR, 연평균 성장률), 늘어난 이익에 따라 배당금도 늘어날 것인지(배당정책과 배당성향, 지분구조)를 분석하고 예상한다. 투자에서 가장 중요한 부분이며 기본이기도 하다. 하지만 놀랍게도 대부분은 여기에 큰 신경을 쓰지 않는다.
  다음은 이 회사의 사업이 미래에도 안정적일지 판단해야 한다. 이를 위해 재무상태는 안정적인지(재무안정성), 실적은 어떤지(실적 추이), 실제 현금은 어떻게 흘러가는지(현금흐름) 같이 분석한다.

　표현은 어렵더라도 핵심 내용을 갈무리해 자세히 설명할 것이다. 그러니 여러분은 가벼운 마음으로 따라오면 충분하다. 책을 읽다가 어렵게 느껴진다면 언제든 덮어두어도 된다. 그러다 다시 공부하고 싶어질 때 책을 펴면 된다. 천릿길도 한걸음부터고 시작이 반이다. 시작하는 순간 이미 반은 이룬 것이나 마찬가지다!

Step 1　배당수익률

　배당수익률은 '특정 주식에 얼마를 투자하면 배당금으로 얼마를 받을 수 있는가?'라는 개념이다. 즉 배당수익률이 5%라면 100만 원을 투자해 5만 원을 배당금으로 받을 수 있다는 뜻이다. 이 주식의 주가가 1만 원이면 주당배당금은 500원이 된다. 예금으로 치면 예금이율, 부동산으로 치면 부동산 임대료와 비슷하다. 배당성장주 투자에서 중요한 요소 중 하나이다.

　배당수익률을 계산하는 방법은 간단하다. 작년에 지급한 배당금을 현재 주가로 나누어주면 된다. 예를 들면, 삼성전자는 2023년 한 해 동안 1,444원의 배당금을 지급했고, 현재 주가는 5만 4,300원이다. (2025년 1월 중순 기준) 즉 1,444원을 5만 4,300원으로 나눈 2.65%가 삼성전자의 배당금 수익률이다. 삼성전자 주식 100만 원어치를 매수하면 2만 6,500원의 (세전) 배당금을 받는다는 뜻이다. 삼성전자의 주가와 최근 연간 배당금은 네이버 증권에서 쉽게 찾을 수 있다.

　하지만 배당금은 고정되어 있지 않다는 것을 언제나 명심해야 한다. 만

약 회사의 사업이 잘되거나 배당성향이 확대되면 작년보다 배당금이 크게 성장할 수도 있다. 현대차는 2022년 7,000원의 배당금을 지급했지만 2023년에는 1만 1,400원을 지급했다. 무려 60%나 성장한 셈이다. 그만큼 배당수익률도 크게 상승하였다. 10만 원 부근에서 현대차 우선주를 매수했다면 배당수익률만 11%에 달하는 셈이다.

반면 앞서 살펴본 AT&T처럼 사업 부진 때문에 배당금이 크게 줄어들거나, 혹은 회사의 특수한 사정 때문에 배당금이 감액되는 사례도 있다. 드라마 〈품위있는 그녀〉의 모티브가 된 것으로 알려진 '영풍제지'가 대표적인 사례. 영풍제지는 2012년부터 2014년까지 2,000원의 배당금을 지급했다. 그러다 2015년에는 40원을 배당하며 무려 98%나 줄여버렸다. 2012년 최대주주가 된 노미정씨가 2014년까지 거액의 배당금으로 이익을 챙기고, 2015년에 영풍제지 지분을 전부 매각하면서 일어난 사건이었다.

삼성전자의 과거 배당금 확인

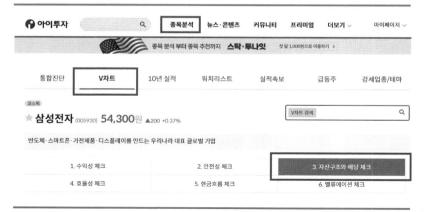

그렇기 때문에 직전의 높은 배당금에만 관심을 두지 말고 지난 수년간 배당금 추이는 어떠했는지를 함께 확인해야 한다. 네이버에서 5년 정도의 배당금 추이를 살필 수 있다. 하지만 내가 추천하는 것은 앞에서 설명한 '아이투자'를 이용하는 것이다. 아이투자의 'V차트' 메뉴에서 '자산구조와 배당체크'에 들어가면 지난 10년간 배당금의 변화, 그리고 배당성향까지 그래프로 쉽게 확인할 수 있다.

삼성전자의 배당금은 2012년 160원에서 2018년 1,416원까지 꾸준히 성장했다. 2020년에는 특별배당금이 지급되며 2,994원으로 급성장했지만, 2021년부터는 특별배당을 지급하지 못하면서 1,444원으로 감소한 뒤 정체하고 있음을 그래프로 쉽게 확인할 수 있다.

또 회사의 배당정책이나 배당성향은 어떤지도 같이 확인해야 한다. 이

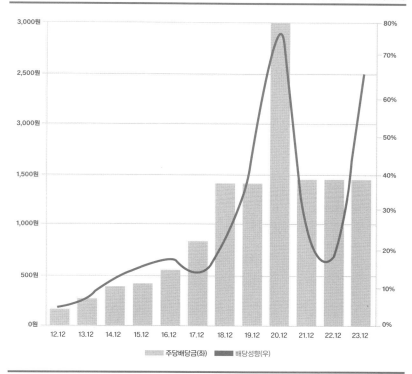

배당성향&배당금(연간)

출처: 아이투자

를 통해, 실적과 배당금이 같이 성장할 수 있는 회사인지를 더욱 정확히 판단할 수 있다. 배당정책과 배당성향을 확인하는 방법은 이어서 정리해 보겠다.

Step 2 배당정책과 배당성향

배당정책은 회사가 주주들에게 어떻게 배당금을 환원할 것인지를 서

면으로 공표한 것이다. 법적인 강제성은 없기에 지켜야 할 의무는 없다. 하지만 회사의 신뢰를 유지하기 위해서 사업보고서에 적은 배당정책을 어기는 일은 거의 없다.

배당정책은 각 기업의 사업보고서로 확인할 수 있다. 네이버 금융에서 검색을 원하는 종목을 선택한 후 '전자공시' 배너를 선택하면 된다. 1분기와 3분기 사업보고서는 '분기보고서', 2분기는 '반기보고서', 4분기는 '사업보고서'라는 이름으로 등록되어 있다. 이 책에서는 삼성전자의 2분

삼성전자 배당정책 확인 ①

출처: 네이버페이 증권

기 보고서를 확인해보았다.

사업보고서의 '3. 재무에 관한 사항' 아래 '6. 배당에 관한 사항'에서 배당정책을 확인할 수 있었다. 삼성전자는 2024년부터 2026년까지의 배당정책을 고시해 두었다. 핵심은 92쪽의 메모를 확인할 수 있다.

삼성전자처럼 잉여현금흐름의 일부를 배당하는 회사들은 현금흐름으로 배당금을 예상할 수 있다. 하지만 실적보다 예측이 더 어렵다는 큰 단

삼성전자 배당정책 확인 ②

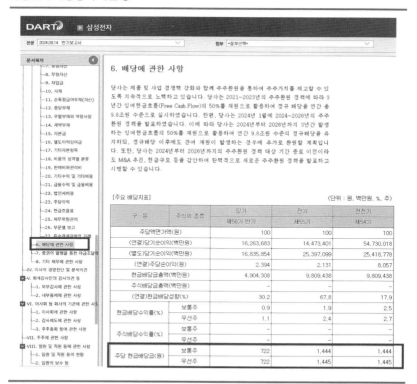

출처: DART

점이 있다. 매출과 이익이 증가했어도 시설이나 다른 용처에 현금을 투자했다면 잉여현금흐름이 감소하기 때문이다. 그래서 실적보다 분기별 변동이 심하다.

1. '잉여현금흐름'의 50%를 재원으로 활용한다.

2. 연간 정규배당은 9.8조 원 수준을 유지한다.
(주당배당금은 분기당 361원, 연간 1,444원이다.)

3. 잔여재원이 있으면 추가로 환원한다. (2018년~2020년에 발생한 잔여재원으로 2020년에 특별배당금을 지급했다.)

그래서 대부분의 회사는 연결지배순이익을 기준으로 배당금을 결정한다. 이를 배당성향이라고 하며, 현대차가 이런 정책을 사용하는 대표적인 회사다. 현대차는 2023년 4월에 연결 지배 순이익의 25%를 배당금으로 지급한다고 발표했다. 나는 이 보고서와 현대차가 발표한 예상 순이익을 바탕으로 2023년 초에 그해의 배당금을 정확히 예측해 좋은 수익을 낼 수 있었다.

별도재무재표를 기준으로 순이익 일부를 배당하는 회사도 있다. 보통 계열사들이 많은 지주회사가 이러한 정책을 선택한다. 계열사들이 많으면 연결 순이익에는 계열사들의 이익 전부 혹은 지분율만큼 잡히지만, 모든 이익이 지주회사에 현금으로 들어오지 않는다. 매출의 일부는 상표권 수익으로, 순이익 중 일부는 배당금으로 지주회사에 들어오기 때문이

현대차 배당정책 확인

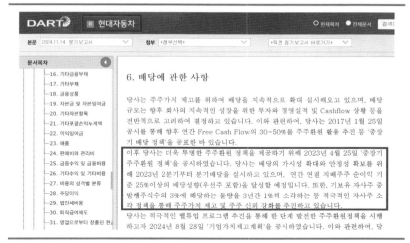

다. 그래서 실제로 회사에 현금으로 들어오는 이익은 연결 순이익 중 일부에 불과하다.

이런 회사들은 별도순이익 즉 회사가 실제로 벌어들인 순이익을 기준으로 배당금을 책정하는 것이 합리적이라고 볼 수 있다. LG지주회사가 대표적이다. LG 지주회사는 별도 순이익의 50% 이상을 주주에게 환원한다고 밝혔다. 2023년에는 별도 당기순이익의 67% 정도를 배당금으로 지급했다. 이렇게 명확한 배당정책이 있는 회사들은 배당정책의 기준이 되는 연결 순이익이나 별도 순이익, 현금흐름을 통해 배당금을 추산할 수 있다.

간혹 약속한 배당정책을 이행하지 않는 기업이 있다는 것도 유의하자. '포스코'는 2020년의 배당정책 공시에서 연결순이익의 30%를 배당

LG 배당정책 확인

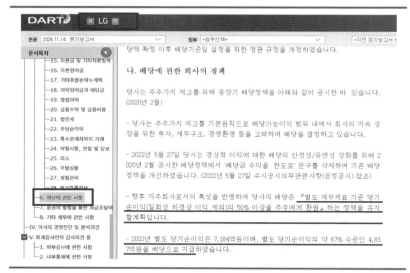

당액 확정 이후 배당기준일 설정을 위한 정관 규정을 개정하였습니다.

나. 배당에 관한 회사의 정책

당사는 주주가치 제고를 위해 중장기 배당정책을 아래와 같이 공시한 바 있습니다. (2020년 2월)

- 당사는 주주가치 제고를 기본원칙으로 배당가능이익 범위 내에서 회사의 지속 성장을 위한 투자, 재무구조, 경영환경 등을 고려하여 배당을 결정하고 있습니다.

- 2022년 5월 27일 당사는 경상적 이익에 대한 배당의 안정성/유연성 강화를 위해 2020년 2월 공시한 배당정책에서 '배당금 수익을 한도로' 문구를 삭제하여 기존 배당정책을 개선하였습니다. (2022년 5월 27일 수시공시의무관련사항(공정공시) 참조)

- 향후 지주회사로서의 특성을 반영하여 당사의 배당은 『별도 재무제표 기준 당기순이익(일회성 비경상 이익 제외)의 50% 이상을 주주에게 환원』하는 정책을 유지할계획입니다.

- 2023년 별도 당기순이익은 7,184억원이며, 별도 당기순이익의 약 67% 수준인 4,837억원을 배당으로 지급하였습니다.

출처: DART

하겠다고 밝혔다. 또 최정후 포스코 회장이 주주서한에서 연결 순이익의 30%를 배당하겠다고 다시 한번 언급했다. 하지만 그해 거둔 6.6조 원가량의 연결순이익에서 20%인 1.3조 원만 배당해 주주의 신뢰를 잃어버렸던 사례가 있다.

더 큰 문제는 명확한 배당정책이 없는 회사이다. 한국 상장사 상당수는 명확한 배당정책이 없다. 이런 회사들은 아무리 정확하게 실적을 예측해도 배당금이 얼마나 될지 알 수 없다. 이럴 때 무기가 되는 것은 바로 배당성향 추이나 배당금 추이다.

명확한 배당정책은 없지만 지금까지 비슷한 배당성향이나 배당금 배턴을 꾸준히 유지해 온 회사라면 일정한 배당금을 기대할 수 있다. 물론 확실한 것은 아니며, 최대주주의 상황에 따라서 언제든지 바뀔 수 있으니 주의해야 한다.

명확한 배당정책이나 배당금과 배당성향의 일관성도 없다면 직접 IR 팀에 연락해서 묻는 방법밖에 없다. 하지만 언제나 '사업환경에 따라서 유동적으로 배당금을 책정할 계획'이라는 천편일률적인 답변만 들을 것 이다. 이런 회사는 다른 수치가 아무리 좋더라도 지분구조나 최대주주의 동향까지 깊게 파악해야 한다. 다음 장에서 더 자세히 알아보자.

Step 3 지분구조와 최대주주

배당정책과 함께 보아야 할 것이 지분구조와 최대주주다. 한국 주식시 장에서는 전체 주주가 아닌 최대주주 한 사람의 필요에 맞추어 배당정책 을 결정하는 경우가 많기 때문이다. 최대주주의 경영권만 안정적이면 다 른 주주들이 반대하더라도 이사와 감사의 선임과 보수 결정부터 재무제 표의 승인, 배당금액과 지급 시기까지 결정할 수 있다. 최대주주의 입맛 에 맞추어 회사의 배당정책이 결정되는 이유기도 하다.

그리고 보유 주식이 50%를 넘어야 안정적인 경영권을 가질 것이라는 통념과 다르게, 위에서 말한 보통결의사항은 주주총회에 출석한 주주가 보유한 의결권의 과반수, 발행주식총수의 25% 이상이 찬성하면 통과된 다. 보통 전체 지분의 70~80% 정도만 주주총회에 참여하기에 대기업은 35% 이상, 중견기업은 40% 이상의 지분만 확보하면 경영권은 거의 확 보된 상태라고 볼 수 있다. 그래서 일반 주주들의 주식이 가진 의결권으 로서의 가치는 거의 없다.

안정적인 경영권을 확보한 최대주주는 이사회에 자기 사람들을 앉힌

영풍 지분구조 확인

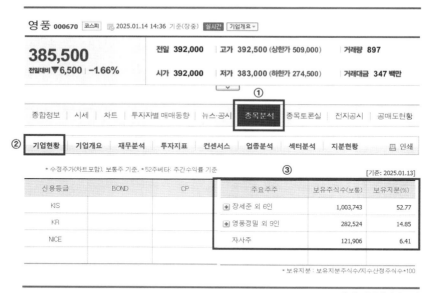

출처: 네이버페이 증권

다. 이사회를 통해 회사의 인사와 경영을 장악하고, 오로지 자신의 이익만을 위해 힘쓴다. 기타 일반주주들을 위한 회사의 가치는 전혀 신경 쓰지 않는다. 참 아쉬운 부분이다. 그래서 최대주주가 안정적인 경영권을 확보했고 배당정책이 명확하지 않거나 순이익 대비 배당금이 너무 적다면 우리가 원하는 배당주와는 거리가 멀다.

이런 지분구조는 네이버 증권에서 쉽게 확인할 수 있다. 자신이 원하는 종목을 검색 후 빨간색 박스로 강조한 '종목분석', '기업현황'을 차례로 클릭한다. 그리고 '주요주주'란을 확인하면 지분구조 확인이 가능하다. 이번에는 '영풍'을 사례로 삼아 지분구조를 자세히 알아보자.

먼저 영풍은 장세준과 특수관계인들이 지분의 56% 이상을 보유해 경영권을 안정적으로 확보한 상태다. 그리고 명확한 배당정책이 없다. 지난 10년간 배당성향도 평균적으로 10%에 그쳤다. 10만 원 정도의 순이익을 내도 1만 원만 배당금으로 환원한 것이다. 국내 주식의 평균 배당성향이 25% 정도인 것을 고려하면 절반도 안 되는 수준이다.

그렇다고 재무 상태가 나쁜 것도 아니다. 부채비율이 30%이고 주당 순자산(BPS)가 221만 원에 달할 정도로 안정적이고 회사가 가진 자산도 많다. 배당성향을 50%까지 높여도 무리가 없을 정도이다. 하지만 영풍은, 그리고 최대주주는 10% 정도의 배당성향을 고수하고 있다. 이미 확고한 경영권을 가지고 있기에 이러한 배당성향이 유지될 가능성이 높다.

특히 최대주주가 고령이라 자녀에게 경영권 승계를 하고 있거나, 할 가능성이 높은 회사는 주의해야 한다. 승계 도중 발생할 막대한 상속증여세를 줄이기 위해 주가와 배당금 모두 낮게 유지하기 때문이다. 이런 회사들은 실적이 좋더라도 일부러 배당금을 줄여 소액주주들을 이탈시킬 것이다.

또 주의해야 할 다른 경우는 주주들과 이익을 공유하기 싫어하는 최대주주들이다. 이런 회사들은 회사의 이익이 늘고 현금자산이 쌓여있어도 배당금을 늘리는 데 소극적이다. 물론 '최대주주도 배당금을 받으면 이익이니 배당금을 높이지 않을까요?'라는 질문을 할 수 있다. 돈을 많이 버는 것을 싫어할 사람은 없으니 말이다. 하지만 최대주주는 높은 세율을 적용받아 배당금의 절반을 세금으로 내야 하니 배당을 꺼릴 것이다.

게다가 배당금이 아니더라도 회사로부터 돈을 받을 방법이 수두룩하

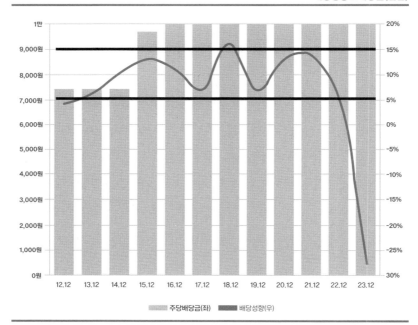

다. 회사의 대표나 이사 직책을 맡아서 막대한 월급과 성과급을 받을 수 있다. 회사는 적자여도 수십억~수백억 원의 월급과 성과급을 받는 최대 주주나 이사들도 마찬가지다. 이렇게 받는 월급과 성과급도 절반은 세금으로 내야 하지만, 적어도 주주들에게 환원할 배당금은 아낄 수 있으니 말이다.

다음 리스크는 일감 몰아주기다. 가족이나 친지의 명의로 회사를 세워 그 회사에 일감을 몰아주면, 겉으로 보이는 수익을 크게 줄여 배당금을 줄일 수 있다. 그리고 일감을 몰아준 회사에서 많은 이익을 챙기는 것이다. 이건 배임죄나 마찬가지다. 과거에 비해 많이 줄긴 했지만, 여전히 이런 행위를 통해 주주의 이익을 훼손하고 자기의 주머니를 챙기는 회사들도 적지 않다.

이러한 회사를 피하려면 검색사이트에 회사 이름과 '승계', '일감 몰아주기', '배임', '횡령' 등 다양한 키워드를 넣어보자. 적어도 드러난 위험은 피할 수 있으니 반드시 확인 과정을 거쳐야 한다.

반면 최대주주가 확고한 경영권을 갖고 있지 않다면 언제든 경영권 분쟁이 일어날 수 있다. 최근 MBK와 고려아연의 경영권 분쟁이 대표적인 사례이다. 이런 경우는 경영권 분쟁이 일어날 경우를 대비해 일반 주주들을 위한 주주가치 재고에도 신경 쓸 가능성이 높다. 명확한 배당정책을 공시하고, 주주들이 만족할만한 배당성향을 유지하려 노력한다.

Step 4 <u>이익수익률</u>

기업의 기대수익률을 구하는 방법에는 이익수익률(YE, Earning Yield)도 있다. 주당 순이익(EPS, Earning Per Share)을 주가로 나누면 쉽게 구할 수 있다. 예를 들어 주가가 1만 원인 주식의 주당 순이익이 500원이면 이익수익률은 5%가 된다. (500 ÷ 10,000 = 0.05) 내가 이 주식에 100만 원을 투자하면 회사는 그 100만 원으로 5만 원의 수익을 벌어들인다는 뜻이다.

이해하기 힘들다면 사람들이 주로 사용하는 주가수익비율(PER, Price Earning Ration)의 정반대라고 생각해도 좋다. 주가수익비율은 주당 순이익 대비 주가의 비율이기 때문이다. 위에서 예시로 삼은 주식의 주가수익비율을 구하면 20이 나온다. (10,000 ÷ 500 = 20) 현재의 주당 순이익을 계속 유지했을 때, 현재 주가만큼 순이익을 버는 데 20년이 걸린다는 뜻이다. 주가수익비율이 낮을수록 이익수익률이 높아진다.

이 두 지표 중에선 주가수익비율이 더 직관적이다. 하지만 배당성장주에 투자할 때는 주가수익비율보다 이익수익률이 더 강력한 지표여서, 이 책에서는 이익수익률을 기준으로 설명하고자 한다.

내가 추천하는 가장 간단한 방법은 최근 4분기의 주당 순이익을 토대로 이익수익률을 구하는 것이다. 먼저 네이버페이 증권에서 투자하고 싶은 종목을 검색하고 차트 오른쪽에 있는 '투자정보'를 보자. 그리고 다음 그림 속 박스 ①에서 찾아볼 수 있는 EPS를 현재 주가로 나눈다. 이 내용을 작성할 때, 삼성전자의 최근 4분기 EPS는 4,721원이었고, 주가는 54,200원이었다. 그러니 이익수익률은 8.71%이다. (4,721 ÷ 54,200 = 0.0871) 즉 이 시점에 삼성전자 주가에 1억 원을 투자하면, 삼성전자는 그 돈을 이용해 871만 원의 순이익을 낸다는 것이다. (2025년 1월 기준)

다만 위의 예시는 과거 4분기의 EPS를 바탕으로 한 계산이라는 것에 주의하자. 삼성전자의 올해 순이익에 따라 미래 이익수익률은 크게 달라질 수 있기 때문이다. 만약 앞으로 사업이 잘된다면 순이익이 크게 늘 것이고, 사업이 잘 안된다면 순이익이 크게 줄어들 수도 있다. 일례로 삼성전자가 최고 실적을 기록한 2022년의 EPS는 8,057원이었다. 하지만 2023년에는 2,131원으로 크게 줄었다. 삼성뿐만 아니라 어떤 대기업이라도 매년 EPS가 크게 달라질 수 있으니 올해 어떤 성적을 거둘 수 있을

삼성전자로 알아보는 이익수익률

(*예시 사진 속 PER은 가시성을 위해 삭제하였음을 알립니다)　　　　　　출처: 네이버페이 증권

지 촉각을 곤두세우고 있어야 한다.

　이때 참고할 수 있는 지표가 바로 증권사들이 예상하는 올해 EPS의 평균값인 '추정 EPS'다. 예시 사진의 박스 ②에서 찾을 수 있다. 3곳 이상의 증권사가 예상 EPS를 내놓아야 이 추정 EPS 값이 제공되니, 비교적 안심하고 이용할 수 있다.

　삼성전자의 추정 EPS가 4,688원이니, 추정 EPS를 근거로 한 삼성전자의 올해 이익수익률은 8.64%이다. (4,688 ÷ 54,200 = 0.0864) 즉, 내가 1억 원을 투자하면, 올해의 삼성전자는 그 돈으로 864만 원의 순이익을 벌 것으로 예상된다는 것이다.

　만약 추정 EPS가 없다면 직접 증권사 리포트를 확인해야 한다. 특정 기업을 분석한 증권사 리포트의 마지막 부분에는 앞으로 1년~2년 동안의 예상 실적 정보가 있다. 여기서 증권사가 추정하는 올해 EPS를 참고해 이익수익률을 계산할 수 있다. 물론 증권사의 추정을 바탕으로 계산하는 것이어서 실제 EPS는 달라질 수 있다는 것을 조심하자.

그렇다면 이익수익률이 중요한 이유는 무엇일까? 이 지표를 통해 그

삼성전자의 EPS 추정 예시

투자지표 (12월 결산)	2022	2023	2024F	2025F	2026F
주당지표(원)					
EPS	8,057	2,131	4,750	4,782	5,581
BPS	50,817	52,002	55,931	56,653	59,783
DPS	1,444	1,444	3,015	1,400	1,400
밸류에이션(배)					
PER	6.9	36.8	11.2	11.6	9.9
PBR	1.1	1.5	1.0	1.0	0.9
EV/EBITDA	3.4	10.0	3.9	4.3	3.8
성장성지표(%)					
매출증가율	8.1	−14.3	16.0	0.3	10.1
EPS증가율	39.5	−73.6	122.9	0.7	16.7
수익성지표(%)					
배당수익률	2.6	1.8	5.4	2.5	2.5
ROE	17.1	4.1	8.8	8.5	9.6
ROA	12.7	3.4	7.0	6.7	7.7
ROIC	27.1	6.7	12.8	11.9	13.2
안정성지표(%)					
부채비율(%)	26.4	25.4	26.8	26.4	24.6
순차입금 비율(%)	−29.4	−21.7	−20.3	−17.0	−16.7
이자보상배율(배)	56.8	7.1	34.7	29.7	35.3
활동성지표(배)					
매출채권회전율	7.9	7.2	7.5	6.9	7.0
재고자산회전율	6.5	5.0	5.6	6.1	8.3
총자산회전율	0.7	0.6	0.6	0.6	0.6

*주당지표 및 밸류에이션은 지배주주순이익 및 지배주주지분 기준

출처: IBK투자증권

회사가 배당금을 지급할 여력이 있는지 판단할 수 있기 때문이다. 만약 이익수익률이 10%고 배당수익률이 5%라면? 순이익 중 절반을 배당금으로 지급하는 것이니 적정한 수준이라 볼 수 있다. 하지만 이익수익률이 3%인데, 배당수익률이 5%라면? 이는 무리하게 배당금을 주고 있다고 볼 수 있다. 순이익보다 더 많은 배당금을 주고 있기 때문이다. 회사의 재무상태가 안정적이고 자산이 많다면 일시적으론 이렇게 배당을 시행할 수 있지만, 장기적으로는 절대 그럴 수 없다.

반대로 이익수익률이 20%인데, 배당수익률이 2%라면? 배당수익률이 낮지만 순이익률이 높으므로 언제든 배당을 크게 확대할 여력이 있다. 물론 배당의 시행이나 규모는 최대주주의 의지에 달려있기에 앞에서 공부한 지분구조와 최대주주 분석을 동반해야 한다.

Step 5 사업모델과 성장성

이 장에서는 투자 대상의 사업모델 분석과 연평균 성장률(CAGR, Calculated Average Growth Rate)을 가늠할 방법을 알아보려 한다. 먼저 사업모델 분석은 현재 그 회사가 어떤 제품으로 수익을 만드는지 파악하는 것으로 비교적 직관적이다. 반면 성장 예측은 그 산업을 오래 분석한 전문가도 정확하게 예측하기 어렵지만, 더 건강한 배당성장주에 투자하기 위해 꼭 필요한 과정이다. 따라서 우리는 포기하지 말고 자신만의 방식으로 예측 정확도를 높여 나가야 한다. 나는 다음과 같은 과정을 통해 연평균 성장률을 예측한다.

① 사업모델 분석

사업보고서 중 '사업의 내용' 항목에서 '주요 제품 및 서비스'를 확인하자. 그 회사가 어떤 제품과 서비스로 돈을 버는지 자세히 알 수 있다. 삼성전자의 매출에서는 DX 부문(TV, 냉장고, 세탁기, 에어컨 등의 생활가전 + 스마트폰과 컴퓨터)의 비중이 60% 정도로 가장 크다. DS 부문(D램, 낸드 플래시 메모리, 모바일 AP)이 35%를, SDC(삼성 디스플레이)가 9%, 하만이 5% 정도의 매출 비중을 차지한다는 것을 확인할 수 있다.

내가 투자하려는 회사의 사업모델을 분석하는 것은 기본 중 기본이다. 하지만 대부분은 클릭 몇 번으로 확인할 수 있는 사업모델도 보지 않고 투자한다. 혹은 단순히 반도체나 스마트폰, 생활가전을 파는 회사로 알

기업의 사업모델 분석 예시

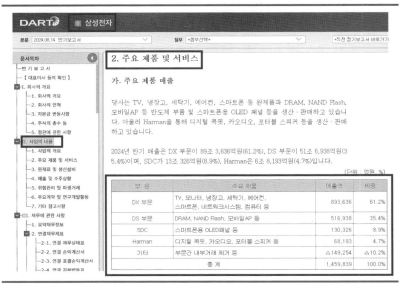

출처: 네이버페이 증권, DART

고 있을 것이다. 하지만 앞으로는 어떤 제품과 서비스를 팔고 있고, 각각의 매출 비중은 어떤지 알아야 한다. 투자라는 탑을 쌓을 첫 번째 벽돌이기 때문이다.

② 자체 가이던스

회사들이 해당연도의 예상 실적을 발표하는 '가이던스'도 참고할 필요가 있다. 물론 국내에서 가이던스를 발표하는 회사는 드물다. 또 항상 맞는 것도 아니다. 하지만 적어도 회사 자체적으로 내외부의 상황을 충분히 고려해 발표하는 공식 자료이기 때문에 연평균 성장률을 추산하는데 가장 좋은 참고 자료가 될 수 있다.

예를 들어 현대차는 2024년 1월 25일에 2024년 가이던스를 발표했다. 2024년에는 총 424만 대의 자동차를 판매한다. 2023년 대비 매출액

현대자동차 가이던스 예시

현대자동차(주) 장래사업 · 경영 계획(공정공시)
KOSCOM | 2024.01.25

장래사업 · 경영 계획(공정공시)

※ 동 정보는 장래 계획사항으로서 향후 변경될 수 있음		
1. 장래계획 사항		2024년 현대자동차 가이던스
2. 주요내용 및 추진일정	목적	2024년 경영계획 공개를 통한 투자자 이해 제고

	세부내용	◎ 판매, 수익성, 투자 등 2024년 주요 경영 계획 및 정책 방향성
		· 2024년 판매목표 : 424만대
		· 2024년 연결 기준 매출액 성장률
		  : 4.0 ~ 5.0% 수준
		· 2024년 연결 기준 영업이익률 목표
		  : 8.0 ~ 9.0% 수준
		· 2024년 투자계획 : 12.4조 원

출처: 현대자동차

은 4%~5% 성장하고, 영업이익률은 8~9%를 유지할 전망이라고 말이다. 이러한 가이던스와 현대차의 배당성향을 통해 2024년 현대차의 배당금이 어느 정도인지 추산할 수 있다.

③ 언론사가 인용한 리서치 기관의 산업 전망 리포트

여러 리서치 회사나 기관은 매년 특정 산업의 성장률을 전망하는 리포트를 낸다. 특정 연도까지 연평균 성장률이나 시장 규모가 어떻게 진행될 것인지 정리한 것으로, 포털 사이트에서 쉽게 찾아볼 수 있다. 찾고 싶은 산업의 이름에 'CAGR', '성장률', '연평균 성장률', '2030년 성장률' 같은 키워드를 더해 검색하자. 그러면 기관들이 정리한 해당 산업의 리포트와 성장률 정보를 찾을 수 있다.

중요한 것은 가장 최근에 발표된 예상치들의 평균을 참고하는 것이다. 예를 들어, 구글에 '전기차 시장 2030년 성장률'을 검색하면 다음과 같은 결과가 나온다.

• 연합뉴스의 2024년 1월 기사

'코트라'의 보고서를 인용해 전기차 시장이 2023년까지 연평균 17.3%의 성장률을 기록할 것으로 보도했다.

• 투데이에너지의 2024년 11월 기사

글로벌 시장조사 분석기관 '리서치앤마켓'의 보고서를 인용했다. 2030년까지 연평균 15.5%의 성장률을 예상했다.

최근 1년 사이 서로 다른 기관이 예상한 연평균 성장률이 비슷하다. 그러면 충분히 참고할만한 수치라고 판단할 수 있다.

④ 증권사 리포트

증권사 리포트를 확인한다. 증권사 애널리스트들은 각자 담당하는 산업 분야나 회사를 꾸준히 분석한 뒤, 회사 측과 교차 검증까지 마친 자료를 공개한다. 바로 앞, '이익수익률' 파트에서 설명한 것처럼 1년~2년까지 실적 예측치도 함께 제공하니, 연평균 성장률을 추정하는 데 더할 나위 없는 참고 자료가 된다.

이런 리포트들은 네이버페이 증권의 '리서치' 메뉴에서 간편하게 확인할 수 있다. 예시 사진에서 볼 수 있듯 '종목분석 리포트' 메뉴에서는 특

분야별 증권사 리포트 확인 예시

정 기업 분석을, '산업분석 리포트' 메뉴에서는 산업 전반을 다룬다. 만약 'KB금융'을 분석하고 싶다면 '종목분석 리포트'에서 개별종목 리포트를 확인하고 '산업분석 리포트'에서 은행업 전반에 대한 것을 확인하는 것이다.

하지만 모든 종목을 확인할 수는 없다. 예시로 든 KB금융은 많은 투자자가 주목하기에 대량의 리포트가 쏟아진다. 하지만 중·소형주들은? 시장의 관심을 끌지 못하는 중소형주들은 1년 동안 리포트가 한 건도 없을 수 있다. 만약 배당성장주 투자를 처음 시작한다면, 되도록 증권사들이 리포트를 많이 발행하는 종목에 주목하자. 그 회사를 분석한 수많은 리포트를 읽으며 사업 구조와 산업 환경에 대해 빠르게 이해할 수 있다. 또 연평균 성장률도 쉽게 구할 수 있을 것이다.

⑤ SWOT 작성하기

해당 회사의 사업보고서, 리포트, 뉴스 등을 읽으며 직접 SWOT (Strengthen, Weakness, Opportunity, Threaten) 분석을 시도해보자. SWOT 테이블을 만들어 정리해도 좋고, 글을 쓰는 것처럼 정리해도 괜찮다. 이해를 돕기 위해 현대차의 SWOT을 분석해보면 다음과 같다.

강점(S)는 뛰어난 내연기관, 하이브리드, 수소차, 전기차 생산 능력이 있다는 것. 미래 성장 동력을 잘 준비하면서(SDV, 자율주행, UAM, 수소 산업), 이익수익률과 주주환원률도 최상위 수준이라는 것이다.

약점(W)은 테슬라에 비해 전기차 브랜드 파워가 약하다는 것. BYD와 비교하면 가격 면에서 경쟁력이 약하다는 것이다.

기회(O)는 전기차 시장 성장성이 둔화하면 내연기관과 하이브리드의 강자인 현대차에 반사이익이 있다는 것. 2024년 하반기부터 가동된 미국 조지아 전기차 공장에서 IRA 세액공제 수익 반영 시작될 수 있다는 것. 엔화 강세 시 경쟁 업체 토요타의 가격 경쟁력 약화로 반사이익 가능성이 있다는 것이다.

위기(T)는 2023년 실적이 하락 전환이라는 우려가 있다는 것. 판매 비중과 수익성이 높은 내수 시장이 역성장 중이라는 것. 미국 판매량 조작 이슈로 인한 고소 및 합의금 지급 가능성 있다는 것. 트럼프가 당선되며 전기차 공장의 IRA 세액공제 축소나 무산 가능성이 있다는 것이다.

현대차 SWOT 분석 예시

- 내연기관, 하이브리드, 수소차, 전기차 셋업 잘되어 있음
- 미래 성장 동력을 잘 셋업하고 있음 (SDV, 자율주행, UAM, 수소산업)

- 테슬라 대비 전기차 브랜드 파워 약함
- BYD 대비 전기차 판매가 경쟁력 약함

S W O T

- 전기차시장 성장성 둔화 -> 내연기관, 하이브리드 강자에 수혜
- 보스턴 로보틱스 IPO(2025년)
- 고환율 유지 수익성 상승

- 2023년 실적이 피크아웃이라는 우려
- 내수 시장 역성장 진행중, 미국 전기차공장 IRA 보조금 축소, 무산 가능성

이렇게 사업모델 분석부터 가이던스, 산업 연평균 성장률, 증권사 리포트, SWOT까지 확인하고 분석을 마쳤다면? 스스로 해당 회사의 연평균 성장률을 예상해보자. 그리고 꾸준히 공시나 리포트 관련 뉴스를 확인하며, 기존에 예상한 수치가 바뀔 요인이 없는지 점검하는 것이다.

나의 경우, 매일 기상한 뒤 투자 중인 회사들의 최신 뉴스와 리포트를 확인한다. 그리고 기존의 연평균 성장률 전망을 수정해야 할지 고민한다. 만약 그 예상치가 조정된다면 포트폴리오 관리 도구에 입력해 최종 투자 판단에 활용하고 있다.

Step 6 재무 상태

　재무안정성을 파악하려면 기본적으로 자산부터 부채, 자본, 부채비율, 유동비율. 이렇게 5가지 개념을 이해하고 확인할 수 있어야 한다. 결론부터 이야기하자면 부채비율은 100% 이하, 유동비율은 150% 이상이면 일단 안정적이라고 판단할 수 있다. 이후로는 왜 그런지, 실적이나 현금흐름은 문제가 되지 않을 것인지 자세한 확인이 필요하다. 자세히 알아보도록 하자.

　먼저 하나 물어보겠다! 독자님의 재산은 얼마인가? 재산이 얼마면 재무상태가 안정적이라고 판단할 수 있을까? 한국인의 2022년 평균 재산은 5억 4,772만 원이었다고 한다. 그런데 평균적으로 9,170만 원의 대출도 있었다. 즉, 순자산은 재산에서 대출을 제외한 4억 5,602만 원이 된다.

　회사도 이와 거의 비슷하고 용어만 다르다. 개인의 재산이 회사에서는 자산의 개념이고, 빚은 부채, 순자산은 자본이 된다. 회사의 재무제표에는 자산총계, 부채총계, 자본총계라는 항목이 있는데, 이것이 회사의 자산, 부채, 자본을 의미한다. 이 수치들을 알면 그 회사의 대략적인 재무상태를 파악할 수 있게 된다.

　한국의 대표회사인 삼성전자의 자산과 부채, 자본을 네이버에서 확인해보자. 먼저 네이버페이 증권에 들어가 삼성전자를 검색한 후 '종목분석', '회사현황'을 선택하자. 그리고 화면을 아래로 내리면 'Financial Summary'라는 항목이 보일 것이다. 아래의 예시처럼 '분기'를 선택해야 가장 최근의 재무 상태를 확인할 수 있다. 2024년 3분기 결산 기준, 삼성

Financial Summary [주재무제표 ▾] [검색] [IFRS ⑦] [산식 ⑦]   * 단위 : 억 원, %

주요재무정보	분기					
	2023/09 (IFRS연결)	2023/12 (IFRS연결)	2024/03 (IFRS연결)	2024/06 (IFRS연결)	2024/09 (IFRS연결)	2024/12(E) (IFRS연결)
매출액	674,047	677,799	719,156	740,683	790,987	779,494
영업이익	24,335	28,247	66,060	104,439	91,834	85,536
영업이익(발표기준)	24,335	28,247	66,060	104,439	91,834	
세전계속사업이익	39,426	35,243	77,067	115,953	103,204	99,383
당기순이익	58,442	63,448	67,547	98,413	101,009	81,675
당기순이익(지배)	55,013	60,238	66,210	96,427	97,815	75,367
당기순이익(비지배)	3,429	3,209	1,337	1,987	3,194	
자산총계	4,544,664	4,559,060	4,708,998	4,857,577	4,913,073	4,920,932
부채총계	905,738	922,281	989,837	1,022,310	1,050,260	1,005,661
자본총계	3,638,926	3,636,779	3,719,161	3,835,267	3,862,814	3,915,271

(*2024/12(E)는 금융사의 예상치를 의미)   출처: 네이버페이 증권

전자의 총자산은 491조 3,073억 원, 총부채는 105조 206억 원, 마지막으로 총자본은 386조 2,814억 원이다. 즉 삼성전자의 전체 재산 약 491조 원 중 빚이 약 105조 원, 순자산은 약 386조 원인 것이다.

이를 통해서 부채비율을 확인할 수 있다. 부채비율은 회사가 가진 순자산 대비 부채의 비중이 얼마나 되는지 나타내는 지표로 부채총계를 자본총계로 나누어 구할 수 있다. 이에 따라 삼성전자의 2024년 3분기 부채비율을 계산해보면 약 27.20%다. (105조 원 ÷ 386조 원 = 27.20%) 방금 확인한 네이버페이 증권의 'Financially Summary' 하단에서도 확인할 수

삼성전자의 부채비율

ROA(%)	7.13	3.43	4.47	6.17	6.99	
부채비율	24.89	25.36	26.61	26.66	27.19	25.69
자본유보율	38,609.91	39,114.28	39,581.75	40,382.62	41,198.62	

있는데, 우리가 계산한 수치와 큰 차이가 나지 않는 것을 알 수 있다. 부채비율이 100% 이하면 안정적이라고 했는데, 삼성전자의 부채비율은 30%가 채 되지 않는다. 부채비율이 50% 이하면 매우 안정적이라고 판단할 수 있다.

부채비율과 함께 확인해야 할 것이 바로 유동비율이다. 유동비율은 현재 회사의 유동성이 어떤지 알 수 있는 지표이다. 우리 몸의 혈관과 혈액으로 생각하면 빠르게 이해할 수 있다. 아무리 건강한 사람이라도 혈관이 막히면 사망에 이르는 것처럼, 회사의 유동성이 나빠지면 부도 위험이 생기게 된다. 회사의 부도는, 사람으로 치면 사망이라고 할 수 있다. 유동비율은 유동자산을 유동부채로 나눈 비율이다. (유동비율 = 유동자산 ÷ 유동부채)

유동자산은 1년 이내에 현금화가 가능한 자산이고 유동부채는 같은 기간 동안 갚아야 하는 부채이다. 즉 1년 이내에 현금화할 수 있는 자산이 부채보다 어느 정도 많은지 비율로 나타낸 것이다. 유동비율이 높을수록 단기적인 현금 유동성이 좋다고 판단할 수 있다.

네이버에서 유동비율을 확인하려면? '종목분석' '투자지표', '분기 선

네이버를 이용한 유동비율 확인 경로

출처: 네이버페이 증권

택 후 검색', '안정성'을 차례로 선택해주면 된다.

위의 과정을 따라왔다면 쉽게 유동비율을 확인할 수 있다. 유동비율 왼쪽의 '+'를 눌러 유동자산과 유동부채가 얼마인지 알아보자. 삼성전자의 2024년 3분기의 유동자산은 219조 2,351억 원, 유동부채 87조 318억 원으로 유동비율은 251.90%다. 유동비율이 150% 이상이면 안정적이라고 판단할 수 있다고 했는데, 삼성전자의 유동비율은 그 2배에 가깝다. 결론적으로 삼성전자는 부채비율과 유동비율, 전반적인 재무 상태까지 매우 안정적이라는 결론을 내릴 수 있다.

삼성전자의 유동비율

항목	2023/09 (IFRS연결)	2023/12 (IFRS연결)	2024/03 (IFRS연결)	2024/06 (IFRS연결)	2024/09 ⊕ (IFRS연결)	전분기대비 (QoQ)
⊞ 부채비율	24.89	25.36	26.61	26.66	27.19	0.53
⊞ 유동부채비율	20.23	20.82	21.99	22.00	22.53	0.54
⊞ 비유동부채비율	4.66	4.54	4.63	4.66	4.66	0.00
⊞ 순부채비율	-22.82	-21.92	-22.02	-21.98	-22.48	-0.50
⊟ 유동비율	280.39	258.77	255.04	258.26	251.90	-6.36
유동자산	2,064,386.0	1,959,365.6	2,085,442.8	2,178,581.0	2,192,351.1	
유동부채	736,251.8	757,194.5	817,703.6	843,549.4	870,318.9	

출처: 네이버페이 증권

보통 유동비율이 100% 이하면 주의해야 한다. 1년 안에 갚아야 하는 채무가 현금화할 수 있는 자산보다 많기 때문이다. 만약 앞으로 1년 동안 실적도 좋지 않고, 부채의 만기 연장이 힘들다면? 자칫 유동자산의 현금화도 실패한다면 부도가 날 수도 있다. 경제 호황기에야 그럴 가능성이 적겠지만, 경제위기 상황에서는 가능성이 있다. 실제로 유동성 때문에 흑자 도산하는 사례가 종종 있었으니 말이다.

유동비율이 150%가 넘으면 안정적이라고 한 것은 유동자산 중에서도 경제위기 상황에서는 1년 이내에 현금화가 어려운 자산들이 있기 때문이다. 그렇기에 유동자산도 구분해서 볼 수 있으면 좋다. 유동자산은 크게 '현금성자산', '금융기관예치금', '매출채권', '재고자산', '기타유동자산'으로 나뉜다.

이 중 현금성자산과 금융기관예치금은 1년 이내 충분히 현금으로 바꿀 수 있다. 하지만 매출채권과 재고자산은 경제 상황에 따라서 현금화가 힘들 수도 있다. 매출채권은 물건을 팔고 아직 받지 못한 돈, 즉 외상에 대한 채권이다. 보통 회사 간 거래에서는 물건을 팔고 15일, 30일, 45일, 60일 이후에 대금을 지급하는 것이 일반적이다. 그래서 대부분의 회사는 항상 매출채권이 있다.

그런데 물건을 구매한 고객사가 상황이 어려우면 제때 대금을 지급하지 못하는 상황이 발생할 수 있다. 재고자산은 아직 팔리지 못한 물건(1년 이내에 팔릴 것으로 예상되는 물건)인데 역시 경제 상황에 따라서 일부는 팔리지 못할 수도 있다. 혹은 많이 할인해야 팔릴 수 있다.

이번에 설명한 내용은 재무 상태를 파악하는 기본 중 기본이다. 꼼꼼한 분석을 통해 재무안정성이 어떤지 판단하는 연습을 꾸준히 하자.

Step 7 실적 추이

실적은 사람으로 치면 소득과 소비다. 얼마나 벌어서 얼마를 지출했는지, 그래서 얼마나 돈을 벌고 남겼는지 알 수 있다. 재산이 많아도 소득보다 지출이 계속 늘어난다면? 언젠간 결국 파산할 것이다. 그러므로 현재 자산 못잖게 중요한 것은 '나의 소비보다 얼마나 더 많은 소득을 올리는지'에 대한 것이다.

실적은 기본적으로 매출, 영업이익, 순이익. 이 3가지가 핵심이다. 매출은 제품을 팔거나 서비스를 제공하고 발생한 수익이다. 만약 A 회사가 1만 원짜리 제품을 100개 팔았다면 매출은 100만 원이 된다. 영업이익은 매출에서 제품을 만드는데 들어간 재료비, 인건비 등의 제조원가. 그리고 이를 판매하는데 들어간 마케팅비, 인건비, 물류비 등의 판매관리비를 뺀 금액이다. 만약 A 회사가 제품 100개를 만드는데 재료비 30만 원, 마케팅비 10만 원, 인건비 20만 원, 물류비 10만 원이 들었다면 영업이익은 30만 원이 된다. (영업이익 = 매출 − 제조원가 − 판매관리비)

순이익은 영업이익에서 법인세를 빼고 금융손익과 영업외손익을 적용해서 구할 수 있다. A회사의 영업이익이 30만 원인데, 법인세와 대출 이자로 각각 10만 원이 발생했다면 순이익은 10만 원이 된다. (순이익 = 영업이익 − 법인세 + 금융손익 + 영업외손익) 당연하겠지만, 지출보다 소득이 많아야 순이익이 발생하고 회사의 재무 상태가 좋아진다. 반대로 소득보다 지출이 많으면 순이익이 줄어 나쁜 성적표를 받을 것이 자명하다.

매출과 영업이익, 당기순이익은 앞서 확인했던 네이버페이 증권의 'Financial Summary'에서 확인할 수 있다. 전체에서는 최근 4년과 4분기의 수치를 함께, '분기'와 '연간'을 선택하면 각 항목의 5분기, 5년 동안의 수치를 확인할 수 있다.

연간 실적 추이 예시

Financial Summary 주재무제표 ∨ 검색 IFRS ⑦ 산식 ⑦ • 단위 : 억원, %, 배, 주 • 분기 : 순액기준

전체	연간	분기						
주요재무정보	연간				⊖	분기		⊖
	2021/12 (IFRS연결)	2022/12 (IFRS연결)	2023/12 (IFRS연결)	2024/12(E) (IFRS연결)	2024/03 (IFRS연결)	2024/06 (IFRS연결)	2024/09 (IFRS연결)	2024/12(E) (IFRS연결)
매출액	2,796,048	3,022,314	2,589,355	3,030,749	719,156	740,683	790,987	779,494
영업이익	516,339	433,766	65,670	348,058	66,060	104,439	91,834	85,536
영업이익(발표기준)	516,339	433,766	65,670		66,060	104,439	91,834	
세전계속사업이익	533,518	464,405	110,063	394,364	77,067	115,953	103,204	99,383
당기순이익	399,074	556,541	154,871	341,520	67,547	98,413	101,009	81,675

출처: 네이버페이 증권

가장 좋은 실적은 매출과 영업이익 순이익이 꾸준히 성장하는 것이다. 이런 모습을 발견했다면 이 회사는 앞으로도 안정적일 확률이 높다고 추정할 수 있다. 물론 지금까지 그랬다고 앞으로도 그럴 것이라 확신할 수는 없다.

그렇기에 마지막 단계에서 해당 회사의 성장성을 다시 판단해보아야한다. 만약 실적이 계속 감소해왔거나 들쑥날쑥하다면? 매출은 계속 늘어나는데 영업이익과 당기순이익은 계속 줄고 있다면? 투자자라면 왜 그런지 깊이 분석해보아야 한다. 산업이나 회사의 특성상 그럴 수밖에 없었는지, 아니면 더 좋아지기 위한 성장통인지 말이다. 물론 반대로 지금까지 실적이 나빴어도 미래에는 급격히 좋아질 수 있다. 하지만 대부분 기존의 실적 추이를 크게 벗어나지 않는다.

Step 8 현금흐름

재무상태와 실적이 좋더라도 현금흐름이 심각하게 나쁘다면 큰 위기를 맞을 수 있다. 사업 운영에서 문제가 발생할 수도 있고, 심각한 경우엔 자본잠식이 발생하며 거래정지, 상장폐지 등으로 이어질 수 있다.

현금흐름은 영업활동부터 투자활동, 재무활동으로 구분할 수 있다. 우리는 이 3가지 현금흐름에 더해 잉여현금흐름을 중요시해야 한다. 결론부터 얘기하자면 영업활동현금흐름은 플러스, 투자활동현금흐름과 재무활동현금흐름은 마이너스일 때 좋다. 사업을 통해 현금을 잘 벌어들여서 미래를 위한 투자를 하고 있고, 부채를 갚아 나가며 주주에게 배당금까지 지급할 때 저런 현금흐름의 모습이 나타난다.

영업활동 현금흐름은 물건이나 서비스를 만들어 파는 과정에서 들어오고 나간 현금흐름이다. 그 구조는 이렇다. 회사는 제품을 만들어 팔거나 고객들에게 서비스를 제공하고, 그 댓가로 현금을 받는 것이다. 그러기 위해 직원도 고용해야 하고 각종 급여도 줘야 한다. 법인세도 낸다. 현금이 나가는 것이다. 이렇게 실제로 현금이 드나든 내역이 영업활동 현금흐름이다.

'실적(매출과 이익)만 확인해도 되지 않나요? 꼭 현금흐름을 확인해야 하나요?'라고 반문할 수도 있다. 대답은 '꼭 해야 한다!'이다. 왜냐하면 실적은 발생주의를 기준으로 한다. 즉 물건을 팔거나 사 온 시점에서 수익이나 비용을 인정하고 있다. 물건을 팔았지만 아직 대금을 받지 못해도, 반대로 재료를 구매하고 현금을 아직 지급하지 않아도 매출과 이익에 반영된다. 이 제도를 악용하면 의도적으로 가짜실적을 만들 수 있어서다.

예를 들어 삼성전자의 2023년 순이익이 10억 원이더라도 현금보유액이 정확히 그만큼 늘어나진 않는다. 물건은 팔았지만 아직 받지 못한 돈이 많다면 현금 증가액은 10억 원보다 적을 것이다. 반대로 발생한 비용 중 아직 현금으로 지급하지 않은 금액이 많다면 현금 증가액은 10억 원보다 클 수 있다. 또한 기본적으로 현금 유출입이 동반되지 않는 수익과 비용이 있다는 점도 기억하자. 예를 들면, 감가상각비, 무형자산상각비, 지분법이익, 외화환산손익 등이 이에 해당한다.

다음은 투자활동 현금흐름이다. 회사는 수익을 위해 다방면에 투자한다. 제품 생산을 위해 부동산이나 장비, 기술 등에 투자하거나 배당수익을 위해 특정 회사의 주식을 사들일 수도, 금융수익을 위해 예금이나 금융상품에 자금을 예치할 수도 있다. 이렇게 현금을 지출하면 투자활동

삼성전자의 4년간 현금흐름　　　　　　　　　　　　　　　　　　　(단위: 억 원)

	2021/12	2022/12	2023/12	2024/12(E)
영업활동현금흐름	651,054	621,813	441,374	711,163
투자활동현금흐름	-330,478	-316,028	-169,228	-715,027
재무활동현금흐름	-239,910	-193,900	-85,931	-77,731
유출현금(CAPEX)	471,221	494,304	576,113	538,567
잉여현금흐름	179,833	127,509	-134,739	125,331

(*2024년의 E는 예상치를 의미)　　　　　　　　　　　　　　출처: 네이버페이 증권

현금흐름이 줄어들고, 반대로 구매했던 부동산이나 장비, 기술을 다시 판매하거나 금융상품과 예치금 등을 회사로 가져오면 늘어날 것이다.

또 재무활동 현금흐름은 현금을 빌려오거나 갚는 행위. 신주발행을 통한 현금의 유입. 주주에게 배당금 지급 등이 포함된다. 회사가 현금을 빌려오거나 신주발행을 통해 현금이 유입되면 이 현금흐름이 증가하고, 빌려온 현금을 갚거나 주주에게 배당금을 지급하면 감소한다. 삼성전자의 연간 현금흐름을 보면 위와 마찬가지로 영업활동은 플러스, 투자활동과 재무활동은 마이너스를 꾸준히 유지하고 있다. 전형적인 우량회사의 현금흐름이다.

마지막으로 표 하단의 잉여현금흐름도 주목해야 할 지표이다. (잉여현금흐름 = 영업활동현금흐름 - 유출현금) 영업활동으로 회사에 유입된 현금에서 유형자산 투자에 유출된 현금을 제외하면 된다. 실제로 회사가 사업을 통해 벌어들인 돈에서, 투자를 위해서 지출하는 돈을 뺀 금액. 즉 순수하게 회사에 남는 돈은 얼마인지를 알 수 있다. 이 잉여현금흐름을 바탕으로 배당금을 책정하는 회사가 늘고 있어, 이 지표를 통해 미래의 배당

금을 추산할 수 있다. 참고로 삼성전자는 잉여현금흐름의 절반을 현금으로 배당하고 있다.

3장

포트폴리오
리밸런싱과 매매전략

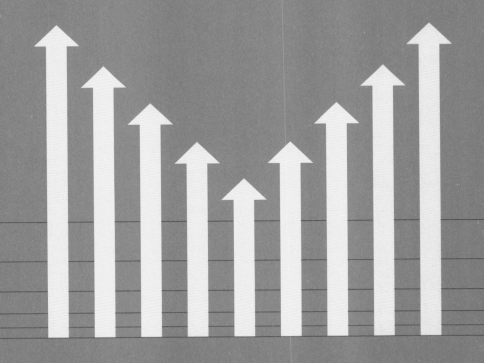

조기 은퇴를 가속하는
포트폴리오 리밸런싱

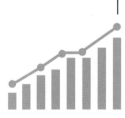

언제 매수해야 할까?

앞에서는 우리에게 배당을 줄 회사의 매력을 정확히 판단하는 방법을 배웠다. 그럼 이렇게 분석한 회사들의 주식을 언제, 어떻게 사야 할까? 그 방법은 바로 내가 분석한 여러 배당성장주 중 가장 많은 배당금을 안정적으로 가져다주는 주식을 고르는 것이다. 지금부터는 명확한 수치와 함께 '배당성장주의 미래 배당금 기댓값'을 알아보자.

비슷한 배당성장주를 비교할 때는 쉽다. 주식 A의 현재 주가가 1만 원이고 배당금은 500원, 연평균 성장률은 5%다. 주식 B는 주가도 배당금도 똑같지만, 연평균 성장률이 3%라면? 생각할 필요 없이 주식 A에 투자하면 된다. 현재 배당금 수익은 같지만, 시간이 지날수록 성장성이 더 높은 주식 A의 배당금이 더 커지기 때문이다.

배당성장주 A, B의 배당금 비교

(단위: 원)

연차	A 주식*	B 주식*
1	525	515
2	551	530
3	579	546
4	608	563
5	638	580

(*A: 주가 10,000원, 초기 배당금 500원, 연평균 성장률 5%)
(*B: 주가 10,000원, 초기 배당금 500원, 연평균 성장률 3%)

이번에는 우리가 골라낸 배당성장주 중 3개를 비교한다고 생각해 보자. 하지만 조금 복잡해졌다. 주식 A는 주가 1만 원에 배당금은 500원, 연평균 성장률은 5%인 고배당 저성장주다. 주식 B는 주가 1만 원에 배당금 300원, 연평균 성장률이 13%인 중배당 중성장주. 마지막으로 주식 C는 주가 1만 원에 배당금 100원, 연평균 성장률 23%인 저배당 고성장주이다. 여러분이라면 어느 배당성장주를 살 것인가?

눈앞의 배당금만 생각하면 당연히 주식 A다. 현재 배당금 수익률이 5%로 가장 높으니 말이다. 지금 1억 원을 투자하면 A는 500만 원, B는 300만 원, C는 100만 원의 배당금을 받게 된다. 그러니 급하게 현금흐름이 필요하다면 주식 A을 선택하면 된다. 하지만 성장성까지 고려하면 우리가 선택할 주식은 조금 달라진다. 시간이 흐를수록 연평균 성장률에 따라 주식 A, B, C의 순위가 크게 바뀌기 때문이다.

7년 차까지는 A와 B, C의 배당금 격차가 조금씩 줄어들지만, 여전히

배당성장주 A, B, C의 비교

(단위: %)

연차	배당금 수익률			누적 수익률		
	A	B	C	A	B	C
1	5.00	3.00	1.00	5.00	3.00	1.00
2	5.25	3.39	1.23	10.25	6.39	2.23
3	5.51	3.83	1.51	15.76	10.22	3.74
4	5.79	4.33	1.86	21.55	14.55	5.60
5	6.08	4.89	2.29	27.63	19.44	7.89
6	6.38	5.53	2.82	34.01	24.97	10.71
7	6.70	6.25	3.46	40.71	31.21	14.17
8	7.04	7.06	4.26	47.75	38.27	18.43
9	7.39	7.98	5.24	55.13	46.25	23.67
10	7.76	9.01	6.44	62.89	55.26	20.11
11	8.14	10.18	7.93	71.03	65.44	38.04
12	8.55	11.51	9.75	79.59	76.95	47.79
13	8.98	13.00	11.99	88.56	89.95	59.78
14	9.43	14.69	14.75	97.99	104.65	74.53
15	9.90	16.60	18.14	107.89	121.25	92.67
16	10.39	18.76	22.31	118.29	140.02	114.98
17	10.91	21.20	27.45	129.20	161.22	142.43
18	11.46	23.96	33.76	140.66	185.18	176.19
19	12.63	27.07	41.52	152.70	212.25	217.71

(*A: 주가 10,000원, 초기 배당금 500원, 연평균 성장률 5%)

(*B: 주가 10,000원, 초기 배당금 300원, 연평균 성장률 13%)

(*C: 주가 10,000원, 초기 배당금 100원, 연평균 성장률 23%)

(*세 주식의 각 항목을 비교했을 때, 1위를 차지한 구간에 별색 표시)

주식 A의 배당금이 가장 많다. (A: 6.70%, B: 6.25%, C: 3.46%) 8년 차에는 주식 B의 배당금이 A를 앞지른다. (A: 7.04%, B: 7.06%) 그리고 13년 차까지 가장 높은 배당수익률을 유지한다. 이때 C까지 A의 배당수익률을 추월하게 된다. (A: 8.98%, B: 13.00%, C: 11.99%). 하지만 불과 1년 만인 14년 차부터 주식 C의 배당수익률이 가장 커지고, 시간이 흐를수록 주식 C의 배당수익률이 압도적으로 커진다. (20년 차 A: 12.63%, B: 30.59%, C: 51.07%) 이것이 저배당 고성장주의 무서움이다. 지금 당장은 배당수익률이 낮더라도 고성장이 뒷받침되면 시간이 지날수록 배당수익률이 무섭게 상승한다.

그러면 무조건 주식 C를 선택해야 할까? 반드시 그런 것은 아니다. 어느 정도의 기간을 선택할지는 본인의 선택이다. '한 치 앞도 보기 힘든데, 어떻게 20년이라는 긴 시간을 확신한단 말이야? 그래도 5년 정도는 예상한 대로 성장성이 유지될 가능성이 높으니, 그때까지 배당수익률이 가장 높은 곳에 투자해야지!'라고 생각하는 투자자라면 주식 A를 선택하면 된다.

그렇다면 8년 차에 B가 A의 배당금을 앞질렀으니, 10년 후를 고려한다면 B를 선택하면 될까? 10년 차의 배당수익률은 A가 7.76%, B가 9.01%, C가 6.44%로 B가 가장 높으니까? 꼭 그렇지는 않다. 여기서 하나 더 고려해야 할 요인이 바로 '누적 수익률'이다. 첫 7년 동안의 성적 덕분에 A는 12년 차까지 가장 많은 누적 수익률을 기록한다. (A: 79.59%, B: 76.95%, C: 47.79%) B는 13년 차가 되어서야 누적 수익률 1위가 되고, 19년 차에는 C가 1위를 차지한다.

정리하자면, 내가 수익을 실현할 기간을 설정하고 자신이 분석한 배당성장주들의 현재 주가와 배당금, 앞으로의 성장성. 그리고 기간에 따른 누적 배당수익률을 비교하자. 그리고 가장 많은 배당수익을 가져다주리라 확신하는 배당성장주를 사면 된다. 만약 장단점이 비슷비슷해 확신할 수 있는 배당성장주가 없다면? 분산투자를 고려하자.

<u>언제 매도해야 할까?</u> (1) 주가만 상승할 때

그렇다면 이렇게 꼼꼼하게 비교해서 산 배당성장주를 언제, 어떻게 매도해야 할까? 기본적으로는 위에서 설정해둔 기간을 따라야겠지만, 빠르게 바뀌는 시장의 상황에 맞춰 유연한 생각과 태도를 가지는 것도 중요하다. 내가 제시하는 매도의 순간과 이유는 크게 3가지 경우가 있다. 첫 번째 이유부터 천천히 알아보자.

때로 투자 중인 배당성장주의 예상 배당과 성장성은 그대로인데 주가만 상승할 때가 있다. 이 경우 주식의 평가금액은 커지지만, 배당수익률은 낮아지는 치명적인 단점이 따라온다. 바로 앞 '언제 매수해야 할까?'에 나온 주식 A에 1억 원을 투자했다고 가정해보자. (주가 1만 원, 배당금 500원, 연평균 성장률 5%)

주가는 1만 원이었으니 1억 원을 투자해 1만 주의 주주가 되었다. 그런데 주가가 2만 원으로 급등하면 평가금액은 2억 원으로 상승한 대신 배당수익률이 2.5%로 떨어져 버렸다. 5년 후의 배당수익률도 6.38%에서 3.04%로, 10년 후의 배당수익률도 7.76%에서 3.88%로 낮아지게 된다. 달콤한 평가금액의 대가로 미래의 배당수익률이 주식 B보다 훨씬 낮

배당성장주 A, B, C의 비교

연차	배당금 수익률			누적 수익률		
	A	B	C	A	B	C
1	2.50	3.00	1.00	2.50	3.00	1.00
2	2.63	3.39	1.23	5.13	6.39	2.23
3	2.76	3.83	1.51	7.88	10.22	3.74
4	2.89	4.33	1.86	10.78	14.55	5.60
5	3.04	4.89	2.29	13.81	19.44	7.89
6	3.19	5.53	2.82	17.00	24.97	10.71
7	3.35	6.25	3.46	20.36	31.21	14.17
8	3.52	7.06	4.26	23.87	38.27	18.43
9	3.69	7.98	5.24	27.57	46.25	23.67
10	3.88	9.01	6.44	31.44	55.26	20.11
11	4.07	10.18	7.93	35.52	65.44	38.04
12	4.28	11.51	9.75	39.79	76.95	47.79
13	4.49	13.00	11.99	44.28	89.95	59.78
14	4.71	14.69	14.75	49.00	104.65	74.53
15	4.95	16.60	18.14	53.95	121.25	92.67
16	5.20	18.76	22.31	59.14	140.02	114.98
17	5.46	21.20	27.45	64.60	161.22	142.43
18	5.73	23.96	33.76	70.33	185.18	176.19
19	6.02	27.07	41.52	76.35	212.25	217.71

(*A: 주가 20,000원, 초기 배당금 500원, 연평균 성장률 5%)

(*B: 주가 10,000원, 초기 배당금 300원, 연평균 성장률 13%)

(*C: 주가 10,000원, 초기 배당금 100원, 연평균 성장률 23%)

(*세 주식의 각 항목을 비교했을 때, 1위를 차지한 구간에 별색 표시)

배당성장주 투자 불변의 법칙

아진 것이다.

　나는 이런 경우에 주식 A를 빠르게 매도한다. 그리고 선호하는 기간에 따라 주식 B나 주식 C를 사들인다. 15년 전후의 성장성을 중요하게 생각하면 B, 20년 이상 초장기 성장성을 중요하게 생각하면 C를 선택하는 방식으로 말이다. 물론 꼼꼼한 조사를 통해 이 주식들이 미래의 성장성을 갑자기 잃어버리지 않는다는 확신이 있어야 한다.

　그러면 갑작스러운 급등으로 투자계획이 헝클어지면 다시 머리를 싸매고 배당수익률을 계산해야 할까? 절대 그렇지 않다. 오히려 뜻밖의 행운에 감사하면 충분하다. 원래 1억 원으로 주식 A를 1만 주를 구매했을 때의 기대 배당수익은 500만 원일 뿐이었다. 그런데 A를 팔면 현금 2억 원을 얻을 수도 있고, 주식 B를 2만 주 매입해 600만 원의 배당금을 누릴 수도 있다. 원래 배당금보다 많은 배당금을 받으며 미래에 더 성장할 주식에 투자한 것이다.

　나는 '아이디스'란 주식으로 이러한 사례를 경험했다. 배당성장주에 관심을 두고 공부와 투자를 시작하던 2016년, '한국투자밸류자산운용'이라는 자산운용사가 자신들도 투자한 유망회사라고 정리한 리포트를 읽었다. 그리고 이 회사를 분석한 결과는 놀라웠다. 미래에도 유망할 영상보안 산업에서 세계적인 기술력을 가지고 있고, 기술자 출신의 경영자가 경영 능력까지 겸비하고 있어 투자가치는 충분했다. 다만 직전 연도인 2015년의 재무제표 성적은 좋지 않았다. 매출 1,466억 원, 당기순이익 129억 원, 주당배당금 300원으로 당시 주가 17,950원(시총 1,800억 정도)

에 비해 순이익과 배당금이 낮아 10주만 매수하고 지켜보았다.

그 후 중국제 저가 제품들이 CCTV 도소매 시장을 침공하며 아이디스의 분기 매출과 순이익은 계속 하락했다. 자연스럽게 주가도 9,000원 후반대까지 급락했다. 2017년에도 부진이 이어지며 주가는 6,000원까지 하락했다. 하지만 영상보안 시장은 계속 성장하고 있었다. 거기에 자사 브랜드의 직판을 위해 적극적으로 해외 영업 판로를 구축하고, 미래를 위해 적극적으로 AI 기술을 개발하는 모습에서 국내 영업만 회복되면 충분히 150억 원 정도의 순이익을 낼 수 있다고 생각했다. 주가는 7,000원에서 9,000원 정도로 횡보하고 있었지만, 이 정도 순이익이면 3%~4%의 배당수익률인 주당 300원의 배당금은 충분히 가능할 것 같았다.

또 부업으로 무인점포가 떠오르며 높은 기술력을 갖춘 CCTV의 수요가 늘어난 것도 좋았다. 중국산 제품의 보안 문제로 한국 CCTV 회사들이 반사이익을 누릴 수 있다고 생각해 적극적인 투자를 결심했다. 그때 내가 가진 시드머니는 1억 원 정도였지만, 전세대출과 직장인 신용대출을 최대한 이용해 총 2억 5,000만 원을 투자했다.

2018년 8월 중순, 갑자기 아이디스 주가가 폭등했다. 당시 아마존이 '아마존GO'라는 무인매장 사업을 본격적으로 진행했고, 아이디스가 여기에 들어가는 CCTV와 관련이 있다는 소문에 투자자들의 매수가 몰린 덕분이었다. 실제 협업을 하게 된다면 실적이 크게 좋아질 가능성도 있었다. 하지만 확실하지 않은 내용이었고, 실제 이루어진다 해도 어느 정도 성장할지 예측하기는 어려웠다.

결국, 평균 9,000원대에 투자한 아이디스의 주가가 2만 원을 넘어가며

아이디스의 2016년~2021년 차트

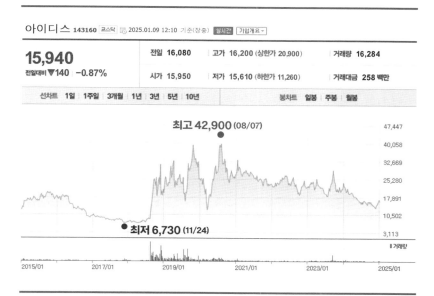

출처: 네이버페이 증권

예상 배당 수익률은 1%대로 하락했다. 내가 예상한 실적과 배당금, 성장성에는 큰 변화가 없는데, 주가만 크게 상승하며 기대 배당수익률이 낮아진 것이다. 그래서 2만 원 초반에 모든 아이디스 주식을 매도하고 더매력적인 주식으로 움직였다. 그 과정에서 자연스럽게 126%, 3억 1,200만 원이라는 수익이 발생했다. 그리고 이렇게 커진 시드머니 덕분에 배당금 역시 1,200만 원 수준으로 크게 늘었다.

기존의 예상처럼 아이디스는 2018년 11월 발표한 3분기 실적에서 영업이익 11억 원, 당기순이익 20억 원으로 흑자전환에 성공했음을 알렸다. 그리고 2019년 2월 발표한 2018년 실적에서 영업이익 26억, 당기순이익 43억으로 그 성적이 일시적이 아님을 증명했다. 2020년부터는 연간 100억 원에서 200억 원 사이의 순이익과 함께 주당 300원~350원의 배당금을 지급하고 있다. 내가 예상한 정도의 실적과 배당금을 지급하는 수준의 회사로 복귀한 것이다.

주가는 더 극적으로 움직였다. 한번 상승하기 시작한 아이디스 주가는 등락을 거듭하며 2018년 말 3만 원을 돌파했다. 2019년 말에는 거의 4만 원에 다다랐다. '3만 원, 4만 원에서 팔았으면 더 수익률이 높았을 텐데!'라며 아쉬워하는 분이 있을지 모르겠다. 하지만 주가는 예측할 수 있는 영역이 아니다. 내가 정해둔 기준보다 매력이 떨어질 정도로 주가가 상승하면, 매도하고 비중을 옮기는 것이 옳다고 생각했다.

그리고 코로나19 팬데믹이 발발하자 주가는 1만 원 초반까지 하락했다. 실적과 배당금 수준보다 과도하게 주가가 오른 상태에서, 성장성에 대한 우려가 커지니 주가가 크게 하락한 것이다. 엔데믹 이후 다시 4만 원을 돌파하기도 했지만, 이후 뚜렷한 성장성을 보여주지 못하자 1만 원 중반 선의 주가를 유지하고 있다.

아이디스란 배당성장주에 완전히 관심을 끊은 것은 아니다. 언제든 빠르게 성장할 수 있는, 경쟁력 있는 좋은 회사라고 생각한다. 실적이 증가하고 기대 성장성은 높아지는데, 주가는 정체하거나 오히려 하락하면서 주가 대비 예상 순이익과 배당 수익률이 매우 높아진다면, 언제든 다시 투자 비중을 늘려갈 생각도 하고 있다. 분기별로 사업보고서가 나올 때마다 꾸준히 체크하고 있다.

만약 주가만큼 실적과 배당금도 성장하면?

앞서 아이디스를 성공적으로 매도했던 사례를 살펴보았다. 단순히 '주가가 100% 올랐으니 익절해야지!'라는 개념의 매도가 아니다. 이런 생각으로 단순하게 매도한다면 후회할 수도 있다. 내가 판 가격이 계속 최고가일 확률은 극히 적기 때문이다. 주가는 내가 판 가격보다 올라갈 가능성이 있고, 그러면 '조금만 더 기다렸다 팔 걸…'이라는 후회를 맛보게 된다. 아이디스도 내가 매도한 주가보다 훨씬 높게 상승했다.

그런데 주가가 상승한 것만큼 혹은 그 이상으로 예상 실적과 배당이 좋아진다면 어떻게 될까? 바로 앞의 본문 '언제 매도해야 할까? (1)_주가만 상승할 때'에서 살펴본 주식 A는 주가만 올라서 주식 B로 갈아타게 되었다. 하지만 A 기업의 예상 실적이 더 좋아서 배당금도 오르게 된다면? 최고의 케이스다. 당연히 주식 A를 계속 보유하면 된다. 주가와 배당이 모두 두 배가 되었으니 기존과 같은 배당수익률이기 때문이다.

만약 1억 원으로 주식 A를 1만 주 매수했다고 가정하자. 그런데 주가도 100% 상승하고, 예상 실적과 배당금도 100% 상승할 것이라 예상된다면? 주식 A의 평가금액은 2억 원이 된다. 주당배당금도 1,000원이 되어, 예상 배당금이 1,000만 원이 된다. B로 비중을 옮길 때의 예상 배당금 600만 원보다 훨씬 커지는 것이다.

그렇기에 투자하고 있는 주식의 주가가 급등한다면 성급하게 결정하지 말자. 평소에 실적과 배당은 어떻게 예상되는지 공부하고, 이 회사가 연간 어느 정도의 순이익을 내서 나에게 어느 정도의 배당금을 환원할 수

배당성장주 A, B, C의 비교

(단위: %)

연차	배당금 수익률			누적 수익률		
	A	B	C	A	B	C
1	5.00	3.00	1.00	5.00	3.00	1.00
2	5.25	3.39	1.23	10.25	6.39	2.23
3	5.51	3.83	1.51	15.76	10.22	3.74
4	5.79	4.33	1.86	21.55	14.55	5.60
5	6.08	4.89	2.29	27.63	19.44	7.89
6	6.38	5.53	2.82	34.01	24.97	10.71
7	6.70	6.25	3.46	40.71	31.21	14.17
8	7.04	7.06	4.26	47.75	38.27	18.43
9	7.39	7.98	5.24	55.13	46.25	23.67
10	7.76	9.01	6.44	62.89	55.26	20.11
11	8.14	10.18	7.93	71.03	65.44	38.04
12	8.55	11.51	9.75	79.59	76.95	47.79
13	8.98	13.00	11.99	88.56	89.95	59.78
14	9.43	14.69	14.75	97.99	104.65	74.53
15	9.90	16.60	18.14	107.89	121.25	92.67
16	10.39	18.76	22.31	118.29	140.02	114.98
17	10.91	21.20	27.45	129.20	161.22	142.43
18	11.46	23.96	33.76	140.66	185.18	176.19
19	12.03	27.07	41.52	152.70	212.25	217.71

(*A: 주가 20,000원, 초기 배당금 1,000원, 연평균 성장률 5%)

(*B: 주가 10,000원, 초기 배당금 300원, 연평균 성장률 13%)

(*C: 주가 10,000원, 초기 배당금 100원, 연평균 성장률 23%)

(*세 주식의 각 항목을 비교했을 때, 1위를 차지한 구간에 별색 표시)

때문이다. '기다리다 보면 다시 회복하겠지.', '본전만 되면, 아니 조금이라도 더 회복되면 그 때 팔아야지!'라고 생각한다.

그런데 이 상황에서는 A를 바로 매도하고 B를 매수하는 것이 합리적인 판단이다. 왜? 주가 하락 폭보다 예상 실적과 배당금의 하락 폭이 더 커서 B의 배당수익이 A보다 더 좋아지기 때문이다. 1억 원으로 매수한 주식 A 1만 주가 20% 하락해 평가금액이 8,000만 원이 되었고, 예상 배당금은 60% 하락해 200만 원이 된 상황이다. 만약 여기서 주식 A를 매도하여 8,000만 원으로 주식 B를 매수하면 어떤 차이가 생길까. 주식 B를 8,000주 매수할 수 있고 예상 배당금은 240만 원이 된다.

물론 손실을 확정하는 것은 아프고 어렵다. 하지만 이런 상황에서 결단하지 못하면 더 큰 기회비용을 놓치게 될 수 있다. 눈앞의 작은 손익보다 중장기적으로 나에게 더 큰 배당수익을 안겨 줄 주식이 무엇인지에 집중해야 한다.

언제 매도해야 할까? (3) 기대 배당수익이 더 큰 주식이 나타날 때

투자 중인 주식을 매도해야 하는 세 번째 경우는 내가 투자 중인 곳보다 더 매력적인 주식이 나타나는 경우이다. 10년까지의 누적 배당수익률이 가장 중요하다고 생각해서 주식 A를 매수했다. 그런데 갑자기 주식 B의 올해 실적이 급격히 좋아지며 배당금이 500원으로 늘어나고, 기존의 연평균 성장률 13%가 계속 유지된다면 주식 B의 배당수익률은 20년 뒤까지 항상 주식 A와 주식 C를 앞서게 된다.

기존에는 주식 B의 주당 예상 배당금이 250원이었지만, 500원으로 성

배당성장주 A, B, C의 비교

연차	배당금 수익률 A	B	C	누적 수익률 A	B	C
1	5.00	5.00	1.00	5.00	5.00	1.00
2	5.25	5.65	1.23	10.25	10.65	2.23
3	5.51	6.38	1.51	15.76	17.03	3.74
4	5.79	7.21	1.86	21.55	24.25	5.60
5	6.08	8.15	2.29	27.63	32.40	7.89
6	6.38	9.21	2.82	34.01	41.61	10.71
7	6.70	10.41	3.46	40.71	52.02	14.17
8	7.04	11.76	4.26	47.75	63.79	18.43
9	7.39	13.29	5.24	55.13	77.08	23.67
10	7.76	15.02	6.44	62.89	92.10	20.11
11	8.14	16.97	7.93	71.03	109.07	38.04
12	8.55	19.18	9.75	79.59	128.25	47.79
13	8.98	21.67	11.99	88.56	149.92	59.78
14	9.43	24.49	14.75	97.99	174.41	74.53
15	9.90	27.67	18.14	107.89	202.09	92.67
16	10.39	31.27	22.31	118.29	233.36	114.98
17	10.91	35.34	27.45	129.20	268.70	142.43
18	11.46	39.93	33.76	140.66	308.63	176.19
19	12.63	45.12	41.52	152.70	353.75	217.71

(*A: 주가 10,000원, 초기 배당금 500원, 연평균 성장률 5%)

(*B: 주가 10,000원, 초기 배당금 500원, 연평균 성장률 13%)

(*C: 주가 10,000원, 초기 배당금 100원, 연평균 성장률 23%)

(*세 주식의 각 항목을 비교했을 때, 1위를 차지한 구간에 별색 표시)

장하리라 기대하며 주식 A를 팔아 주식 B 1만 주를 샀다고 가정하자. 그 기대가 맞아떨어지면 주식 B의 첫 해 배당수익은 500만 원으로 주식 A와 같아진다. 하지만 시간이 흐를수록 차이가 벌어져 10년 차에는 거의 두 배로(주식 A: 776만 원, 주식 B: 1,502만 원), 20년 차에는 네 배 이상의 배당수익을 기대할 수 있다. (주식 A: 1,263만 원, 주식 B: 5,099만 원) 그러니 이 경우에는 주식 A를 매도하고 B를 매수하는 것이 가장 합리적인 선택이 된다.

나는 2023년과 2024년에 이러한 판단 과정을 통해 큰 손실을 피하고 인생의 전환점이 될 만큼 큰 수익을 낼 수 있었다. 2023년 상반기, 나는 'LG지주회사 우선주'(이후 LG우)와 'LG화학 우선주'(이후 LG화학우)에 집중적으로 투자하고 있었다. 당시 LG우는 배당수익률 5%에 연평균 성장률 10%를 예상했고, LG화학우는 배당수익률 2.6%에 연평균 성장률 15% 정도를 예상했다. 전기차 배터리를 만드는 'LG엔솔'이 LG지주회사와 LG화학의 계열사였기 때문이다.

당시 전기차 배터리 사업은 연평균 30% 정도의 높은 성장성을 보여줘, 두 모회사의 순이익도 순탄할 것으로 생각했다. 그리고 당시 현대차 2우B는 7.1%라는 높은 배당수익률이 예상되었다. 2022년의 실적이 크게 성장하며 배당금도 크게 늘었기 때문이다. 그런데도 이곳에 투자하지 않은 이유는 앞으로 오히려 실적이 감소하게 될지도 모른다는 우려 때문이었다. 앞으로 연평균 2% 정도만 역성장해도 순이익과 배당금이 감소해 5년 차부터는 LG우에, 10년 차부터는 LG화학우보다 배당수익률이 낮아지며 격차가 커질 것으로 예상했다.

현대차2우B와 LG우, LG화학우의 예상 수익률 비교 (단위: %)

연차	배당금 수익률			누적 수익률		
	현대차2우B	LG우	LG화학우	현대차2우B	LG우	LG화학우
1	7.10	5.08	2.60	7.10	5.08	2.60
2	6.96	5.59	2.99	14.06	10.68	5.58
3	6.82	6.15	3.67	20.88	16.83	9.26
4	6.68	6.77	4.52	27.56	23.59	13.77
5	6.55	7.44	5.56	34.11	31.03	19.33
6	6.42	8.19	6.84	40.53	39.22	26.17
7	6.29	9.01	8.41	46.82	48.23	34.57
8	6.16	9.91	10.34	52.98	58.13	44.91
9	6.04	10.90	12.72	59.02	69.03	57.63
10	5.92	11.99	15.64	64.94	81.02	73.28
11	5.80	13.18	19.24	70.74	94.20	92.52
12	5.69	14.50	23.67	76.43	108.70	116.19
13	5.57	15.95	29.11	82.00	124.66	156.30
14	5.46	17.55	35.81	87.67	142.21	181.11
15	5.35	19.30	44.05	92.81	161.51	225.16
16	5.24	21.23	54.18	98.05	182.74	279.33
17	5.14	23.36	66.64	103.19	206.10	456.97
18	5.04	25.69	81.96	108.23	231.80	427.93
19	4.94	28.26	100.81	113.16	260.06	528.75

(*현대차2우B: 주가 100,000원, 초기 배당금 7,100원, 연평균 성장률 -2%)

(*LG우: 주가 60,000원, 초기 배당금 3,050원, 연평균 성장률 10%)

(*LG화학우: 주가 310,000원, 초기 배당금 8,050원, 연평균 성장률 15%)

(*세 주식의 각 항목을 비교했을 때, 1위를 차지한 구간에 별색 표시)

현대차2우B와 LG우, LG화학우의 예상 수익률 비교

(단위: %)

연차	배당금 수익률			누적 수익률		
	현대차2우B	LG우	LG화학우	현대차2우B	LG우	LG화학우
1	10.00	5.25	1.63	10.00	5.25	1.63
2	10.30	5.51	1.79	20.30	10.76	3.42
3	10.61	5.79	1.97	30.91	16.55	5.39
4	10.93	6.08	2.17	41.84	22.63	7.56

(*현대차2우B: 주가 100,000원, 초기 배당금 10,000원, 연평균 성장률 3%)

(*LG우: 주가 60,000원, 초기 배당금 3,150원, 연평균 성장률 5%)

(*LG화학우: 주가 310,000원, 초기 배당금 5,050원, 연평균 성장률 10%)

(*세 주식의 각 항목을 비교했을 때, 1위를 차지한 구간에 별색 표시)

예상처럼 2023년 상반기 이후 전기차 산업의 성장성이 둔화하는 것이 느껴졌다. 최근 자주 언급되는 '전기차 캐즘(Chasm)' 현상의 시작이었다. 이 둔화에 따른 반사이익이 전통적인 내연기관 시장으로 흘러갈 것이란 점. 또 앞에서 말한 것처럼 2023년 초 현대의 제네시스 차량을 구매하며 현대차가 굉장히 좋아졌다는 점도 미리 알고 있었다.

> 캐즘 (Chasm) : 첨단 기술 제품이 일반인들이 널리 사용하는 단계에 이르기 전 일시적으로 수요가 정체하거나 후퇴하는 현상.

또 현대차가 발표한 공시를 찾아보니 판매량과 수익도 계속 성장하고 있었다. 수익성이 좋은 하이브리드 라인업이나 내연기관 SUV와 프리미엄 플랫폼인 제네시스의 판매량 증가부터 배당성향과 배당주기를 조정한 새로운 주주환원책의 발표, 미래에 대비한 수소차와 수소 생태계 구축 사업, 소프트웨어 기반 차량과 자율주행, UAM, 로봇(보스턴다이나믹스) 분야를 통해 중장기적으로 꾸준히 성장한다면? 그러면 역성장이 아니라 매년 3~5%씩 꾸준히 성장할 수도 있겠다는 생각이 들었다.

그에 반해 전기차 시장의 성장 둔화로 LG엔솔의 실적과 연평균 성장률이 급감하면? 모기업인 LG지주회사와 LG화학의 실적과 배당금, 앞으로의 성장성 역시 급감하리라 예상할 수 있었다. 그렇게 달라진 예상 배당금과 연평균 성장률로 두 투자처를 대조하니 현대차2우B의 배당수익률이 모든 기간에서 압도적으로 좋아졌다.

물론 무턱대고 모든 비중을 현대차 우선주로 옮기지는 않았다. 전기차 캐즘이 일시적인 현상일 수 있고, 현대차의 실적도 언제 다시 급락할지 모르는 일이었다. 이런 불안을 떨치기 위해 매일 꾸준히 전기차 산업관련 뉴스와 리포트, 현대차의 자동차 판매량을 확인하며 특이점을 찾았다. 그리고 결국 전기차 캐즘은 일시적인 현상이 아니라는 것, 현대차의 실적은 피크아웃이 아니라 계속 성장하고 있다는 확신을 얻게 되었다.

나는 그 확신과 함께 2023년 하반기부터 2024년 상반기까지 모든 포지션을 현대차 우선주로 옮겼다. 그리고 그 믿음에 보답하듯 현대차2우B는 10만 원대에서 19만 원까지 상승하였다. 최종적으로는 2024년 10월경에 모두 매도하며 36%의 수익률, 약 5억 원에 가까운 차액을 얻을 수 있었다.

단순히 익절하려고 매도한 것은 아니다. 고려아연 경영권 분쟁 이슈 때문에 영풍정밀의 투자매력도가 현대차 우선주들보다 훨씬 높아졌다고 판단했기 때문이다. (영풍정밀 투자 관련해서는 책의 후반부에 별도로 정리해두었다.) 하지만 현대차에 투자하는 동안 LG화학우는 30만 원대에서 20만 원대로 급락하였다. 만약 내가 계속 이 주식을 보유하고 있었다면 마이너스 30%의 수익률과 함께 1억 원 정도의 손실을 보았을 것이다.

실적과 성장이 나빠질 것 같은 곳에서 더 투자매력도가 높은 곳으로 비중을 옮긴 덕분에 큰 손실을 막고, 큰 이익을 낼 수 있었던 사례이다.

다양한 배당성장주
포트폴리오

고배당 저성장주 집중 포트폴리오

이 포트폴리오는 고배당 저성장주에 집중투자하는 것이다. 보통 현재 주가 대비 배당수익률이 5% 이상이면서 연평균 성장률은 3~5% 정도의 배당성장주들에 투자하며, 그중에서도 예상배당수익이 최상위인 특정 주식 1~3개에 집중투자한다. 이 포트폴리오의 장점은 다음과 같다.

① 중단기 배당금을 극대화할 수 있다

이 포트폴리오는 10년까지의 누적수익률이 가장 높다. 또 예측의 정확도가 높은 편이다. 보통 연간 인플레이션과 경제성장률이 2%~3%이다. 산업 섹터 내에서 어느 정도 안정적인 위치에 있는 회사라면? 연평균 성장률 3%~5% 수준은 달성할 가능성이 높다.

② 주가 변동성도 상대적으로 적다

높은 배당수익이 안전 마진 역할을 하므로, 주가가 하락하면 매수 수요가 증가해 하방을 받쳐준다. 이런 안정성 덕분에 작전 세력들도 주가로 쉽게 장난칠 수 없다는 것을 알고 있어, 추가로 안정성을 보장받을 수 있다.

③ 단기간에 주가가 폭발적으로 상승하는 경우가 있다

보통 저성장주의 가격이 낮은 이유는 고정된 사업 구조 때문에 폭발적인 성장이 어렵다고 평가받거나, 급등주를 노리는 시장의 관심을 받지 못하기 때문이다. 그런데 이런 분야에서 높은 성장성을 동반한 호재가 갑작스럽게 터지면, 안정적이고 확실한 사업 구조와 맞물려 주가가 급등하는 것이다.

내가 현대차 우선주들에 집중적으로 투자할 때의 포트폴리오이기도 하다. 당시 현대차 우선주들의 주가는 10만 원대, 예상 배당금은 1만~1만 2,000원이었다. 예상 배당금 수익률이 11%에 달했다. 앞으로의 연평균 성장률 또한 3% 이상은 충분히 가능할 것이라 예상되었다. 아무리 생각해도 현대차 우선주들의 투자매력도가 다른 배당성장주들보다 압도적으로 좋았다. 하여 현대차 우선주들의 투자 비중을 90% 이상까지 늘렸었고 결과적으로 연 10%의 배당수익과 36%의 시세차익까지 얻을 수 있었다. 이렇게 특정 주식의 배당수익률이 압도적으로 좋고, 그 회사의 실적, 배당 성장성에 대해 큰 확신이 있을 때 활용하면 좋다.

물론 단점도 있다. 예상과 다르게 집중투자한 배당성장주가 사업이 잘

풀리지 않아 실적과 배당금이 모두 감소하면 배당수익뿐만 아니라 주가까지 하락하며 큰 손실로 이어질 수 있다. 앞서 언급한 LG우가 그러한 사례다.

내 포트폴리오에서 LG우의 투자 비중이 가장 컸을 때 예상 배당수익률은 5% 이상, 예상 연평균 성장률은 10%였다. 하지만 전기차 산업의 성장성 둔화를 시작으로 LG가 진출한 사업 여러 방면에서 경고등이 켜지자 예상 연평균 성장률이 크게 낮아졌다. 다행히 재무 상황과 현금 보유량이 탄탄하여 기존의 배당금 수준은 유지했지만, 이로 인해 LG우의 주가는 하락을 피할 수 없었다.

다행히 이러한 변화를 빨리 인지하고 매도해 손실은 거의 보지 않았다. 하지만 판단이 늦었더라면 큰 손실을 보고 매도를 해야 하는 상황이 될 수도 있었다. 그렇기에 이 포트폴리오는, 자신이 정말 확신이 있는 경우에만 활용하는 것이 좋다. 만약 확신이 있더라도, 매일 꾸준히 투자 중인 회사의 사업과 산업 환경 관련 리포트와 뉴스를 체크해야 한다. 예측과 다르게 상황이 전개되는 경우, 적시에 투자비중을 조정하기 위해서다.

고배당 저성장주 분산 포트폴리오

이 포트폴리오는 분야별로 배당수익을 가장 많이 돌려줄 배당성장주들에 분산 투자하는 포트폴리오이다. 배당금 극대화 측면에서는 앞선 포트폴리오와 비슷하지만, 다양한 분야로 비중을 분산한다는 차이가 있다. 내가 집중적으로 투자한 회사나 산업의 갑작스러운 악화로 발생할 수 있는 피해를 분야별 투자로 먼저 예방하는 것이다.

고배당 저성장주 분산 포트폴리오의 예상 성과

(단위: %, 원(국내 주식), $(해외 주식))

주식명	주가	예상 배당금	연평균 성장률	주가대비 순이익률	올해 예상 배당수익률	10년 후 예상 배당수익률	10년 배당 수익률 합산	20년 후 예상 배당수익률	20년 배당 수익률 합산
현대차우	154,500	12,850	4.0	29.35	8.32	11.84	99.86	17.52	247.67
한국앤 컴퍼니	16,610	1,680	4.0	28.54	10.11	14.40	121.43	21.31	301.19
화이자	26.49	2.40	5.0	9.06	6.34	9.84	79.77	16.03	209.70
GS우	36,800	2,550	1.0	30.75	6.34	7.10	67.94	7.84	142.98
LG우	58,100	3,150	5.0	10.44	5.42	8.41	68.19	13.70	179.27
한화3우B	15,260	1,250	3.0	13.48	8.19	10.69	93.90	14.36	220.10
CJ우	57,600	3,350	3.0	10.48	5.82	7.59	66.67	10.20	156.28

(*2025년 1월 17일 기준)

　예를 들면, 자동차 산업에서 고배당 저성장주인 '현대차2우B', 전자 산업에서 고배당 저성장주인 'LG전자우', 제약산업에서 고배당 저성장주인 '화이자', 전기차와 전자, 석유화학 사업을 보유한 지주회사 중에서 고배당 저성장주인 'LG우', 식음료 산업에서 고배당 저성장주인 '오리온홀딩스', 보험과 방산, 태양광 사업을 보유한 지주회사이자 고배당 저성장주인 '한화3우B', 식음료와 택배, 콘텐츠 사업을 보유한 지주회사이자 고배당 저성장주인 'CJ우'. 이렇게 다양한 분야의 고배당 저성장주에 분산 투자하는 것이다.

　물론 배당수익률이 가장 높은 주식에 집중한 이전 포트폴리오보다 배당금 수익은 낮을 것이다. 하지만 특정 산업이나 투자 중인 회사의 실적과 배당금이 급격히 나빠지더라도 다른 산업과 회사들이 안정적이라면 손실을 줄일 수 있다는 장점이 있다. 중단기 배당금을 극대화하고 싶은데, 한 주식에 집중하기에는 확신이 없고 불안할 때 이 포트폴리오를 활용하자.

저배당 고성장주 포트폴리오

이 포트폴리오는 지금은 배당수익률이 낮지만, 빠르게 성장하며 15년에서 20년 후 배당금이 가장 커질 주식들에 집중적으로 투자하는 방식이다. 앞선 포트폴리오들이 10년 전후로 최대 수익을 올린다면, 이 포트폴리오는 15년에서 20년 후가 되는 시점에 최대한의 수익률을 기대할 수 있다

예를 들어 엔비디아, 알파벳, 아마존과 같은 주식들은 현재 주가 대비 배당수익률이 1%도 채 되지 않는다. 배당금을 아예 지급하지 않는 곳도 있다. 하지만 매년 순이익이 20%에서 30% 이상 늘어나는 빠른 성장을 보여주고 있다. 앞에서 이미 설명했지만, 이런 속도로 오랜 기간 꾸준히 성장할 수 있다면 압도적인 배당수익을 줄 것이다.

단점이자 특징은 주가 변동성이 크다는 것이다. 앞으로 쭉 고성장할 것이란 기대감 때문에 이미 주가는 실적과 배당금 대비 상당히 높게 평가되어 있다. 그렇기 때문에 실적이 기존에 기대한 수준에 미치지 못하기만 해도 주가가 요동칠 것이다. 만약 상승하지도 못하고 정체하거나 하락한다면? 주가 폭락으로 인한 지옥을 맛볼 수도 있다.

서학개미들에게도 인기가 많은 엔비디아나 테슬라의 주가 변동 추이를 보면 쉽게 이해할 수 있다. 하루에 2%에서 3%의 등락은 일반적이고, 5%에서 10% 이상의 등락이 나오는 날도 적지 않다. 주가가 급등하는 날

저배당 고성장주 포트폴리오의 성과
(단위: %, $)

주식명	주가	예상 배당금	연평균 성장률	주가대비 순이익률	올해 예상 배당수익률	10년 후 예상 배당수익률	10년 배당 수익률 합산	20년 후 예상 배당수익률	20년 배당 수익률 합산
엔비디아	133.62	0.04	30.0	1.92	0.03	0.32	1.28	4.38	18.86
구글	192.91	0.80	24.0	3.94	0.41	2.87	13.12	24.70	125.90
애플	228.26	1.00	15.0	2.68	0.44	1.54	8.89	6.23	44.88

(*2025년 1월 17일 기준)

에는 엔도르핀이 핑핑 돌겠지만, 하락하는 날에는 스트레스와 두려움에 일이 손에 잡히지 않을 것이다.

이러한 단점을 보완하는 방법은 다양한 저배당 고성장주에 분산 투자하는 것이다. 한곳에 집중투자한 경우, 예상을 살짝만 밑돌아도 투자는 크게 실패한다. 하지만 여러 고배당 저상장주들에 투자하면, 그중 하나만 크게 성공해도 나머지 주식의 실패를 커버하고도 높은 수익을 기대할 수 있기 때문이다.

AI 반도체 설계에서 압도적인 '엔비디아', 자율주행과 로보택시, AI 로봇을 상용화하려는 '테슬라', 구글과 유튜브라는 압도적인 플랫폼을 가진 '알파벳', 압도적인 SNS 플랫폼을 가진 '메타', 클라우드 산업의 최강자 '아마존' 등. 자신에게 확신이 있다면 집중투자를 할 수도 있고, 그렇지 않다면 여러 회사에 분산투자를 할 수도 있는 것이다.

인생 주기별 밸런스 포트폴리오

배당성장주 투자를 처음 시작하는 투자자라면 어떻게 시작해야 하는

지 고민이 많을 것이다. 그런 분들을 위해 인생 주기별로 안정적으로 시작할 수 있는 밸런스 포트폴리오를 제안해 본다.

이제 막 사회생활을 시작해 배당성장주에 투자하려는 사회초년생들은 매월 30만~50만 원 정도를 꾸준히 투자해보자. '겨우 그 돈을 투자해서 배당금이 얼마나 된다고?'라며 부정적으로 생각할 수 있다. 하지만 적은 금액이라도 실제 투자를 해야 진짜 공부가 되고 경험이 된다.

그리고 이 30만~50만 원은 절대 적은 금액이 아니다. 월 40만 원을 투자하면 연 480만 원이고, 이 자금으로 평균 배당수익률이 3%면 연 14만 원 정도의 배당금을 받게 된다. 그리고 계획대로 신규 자금과 배당금을 재투자하면, 매년 받게 되는 배당금이 쑥쑥 자라나게 된다.

이제 막 배당성장주에 입문했기 때문에, 한 주식에 집중적으로 투자하기보다 다양한 배당성장주를 경험해보자. 위에서 제시한 배당성장주 중 여러 개를 조합하면 당장 3% 전후의 배당수익부터 미래의 빠른 성장도 기대해 볼 수 있다. 또한 다양한 섹터와 수익률을 모아두었기에 최대한 다양한 경험을 쌓아갈 수 있다는 장점이 있다. 40만 원이면 현대차 우선주와 삼성전자 우선주, 엔비디아에 투자하는 밸런스 포트폴리오를 만들어 보자. (2025년 1월 17일 주가 기준)

직장에서 3~5년 정도의 연차가 쌓이면 진급도 하고 급여도 늘어 매월 50만 원에서 100만 원씩 투자할 수준이 되었을 것이다. 투자에도 어느 정도 익숙해져 스스로 개별 주식을 분석할 수 있는 수준도 되었고, 큰 성공 경험과 실패 경험이 1~2번 정도 쌓였을 수 있다.

이 시기까지는 밸런스 포트폴리오를 계속 유지하자. 다만 투자금이 월

100만 원까지 늘었기 때문에, 다양한 곳에서 더 큰 성장성을 노릴 수 있다. 100만 원이면 현대차 우선주부터 LG전자 우선주, 화이자, 삼성전자 우선주, 엔비디아. 알파벳. 아마존을 조합한 포트폴리오를 만들 수 있다. 역시 당장의 배당금도 얻으면서, 미래의 성장성도 기대해 볼 수 있다.

입사 7~10년 정도가 되면 과장 직급을 맡게 될 정도로 연차가 쌓였다. 급여도 매월 100만~200만 원 정도 투자해도 무리가 없을 정도로 늘었을 것이다. 투자도 많이 익숙해져서 직접 분석한 좋은 배당성장주들을 보유하고 있고 포트폴리오도 주기적으로 최적화할 수준이 되었다. 큰 성공 경험과 실패 경험도 3~4번 정도 쌓였다.

이 시기가 되면 밸런스 포트폴리오에서 벗어나 본인만의 계획에 맞춰 특정 주식에 집중적으로 투자해보자. 만약 당장 큰 현금흐름을 만들어 유지하고 싶은 투자자라면 고배당 저성장주에 큰 비중을 두고, 반대로 당장의 현금흐름보다 장기적으로 고성장하며 10년~20년 후에 매우 큰 현금흐름이 만들어지길 기대하는 투자자라면 저배당 고성장주 위주로 투자할 수도 있다. 수익의 극대화에 집중하는 것이다.

입사 20년 이상이 되면 슬슬 은퇴를 준비해야 할 시기이다. 상대적으로 남은 투자 기간도 길지 않다. 안정적인 현금흐름이 매우 중요한 시기이다. 은퇴하더라도 일을 할 수 있겠지만, 언제 그만두게 될지 모르기 때문이다. 이 시기에는 고배당 저성장주들에 분산 투자하며, 당장의 배당 수익을 극대화하고 안정적으로 유지하는 포트폴리오도 좋을 듯하다.

만약 은퇴할 시기가 되었고 수억 원의 목돈은 있는데… 아직 배당성장주가 익숙하지 않고 경험도 없다면? 목돈을 바로 일단 목돈을 CMA나 예금에 넣어두고, 앞의 단계에 따라 30~50만 원씩 매월 적립식으로 배당성장주에 투자하며 공부해나가는 것도 좋은 방법이다. 아직 경험이 충분히 쌓이지 않았을 때 실수로 큰 손실을 볼 위험을 없애 두는 것이다.

초반에 큰 실수로 20%에서 30% 이상의 손실을 보게 되면 복구하기도 쉽지 않다. 그리고 당장 목돈을 배당성장주에 투자하지 않더라도, CMA나 예금에 넣어두면 연 3% 정도의 수익은 확보할 수 있다. 추후 배당성장주 투자에 점점 익숙해질 때마다 투자금을 100만 원, 200만 원, 300만 원씩 점진적으로 늘려나가면 된다.

4장

절세와 연금으로
배당금 극대화하기

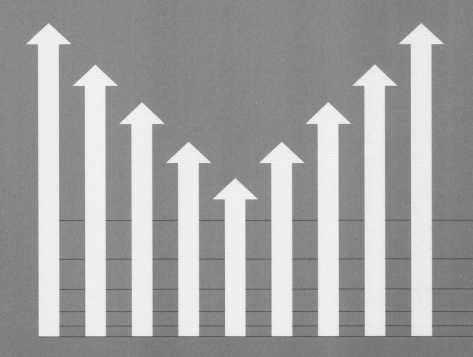

수익률의 덫,
세금과 건보료 바로 알기

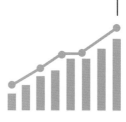

배당금이 늘면 세금도 급증한다?

배당소득은 이자 등과 함께 금융소득으로 포함된다. 따라서 금융소득세 14%에 지방소득세 1.4%가 더해져 총 15.4%가 원천징수된다. 100만 원의 금융소득이 발생했다면 15만 4,000원을 제외한 84만 6,000원만 내 통장으로 들어오는 것이다.

배당금 관련 콘텐츠를 인터넷에 올릴 때마다 주기적으로 달리는 질문이 있다. '배당금이 2,000만 원 넘으면 세금이 급증하지 않느냐?'라는 내용이다. 그리고 그런 걱정 때문에 일부러 배당소득이 2,000만 원을 넘기지 않으려고 노력 중이라는 것이다. 이렇게 상당수의 투자자들이 아직 겪어보지 못한 세금을 두려워한다. 배당으로 얻은 이익이 전부 금융소득 종합과세 대상이 될 것이라 오해하는 것이다.

소득별 종합소득세 과세표준

소득세 과세표준	세율	누진공제
1,400만 원 이하	6%	0원
1,400만 원 초과~5,000만 원 이하	15%	1,260,000
5,000만 원 초과~8,800만 원 이하	24%	5,760,000
8,800만 원 초과~1억 5,000만 원 이하	35%	15,440,000
1억 5,000만 원 초과~3억 원 이하	38%	19,940,000
3억 원 초과~5억 원 이하	40%	25,940,000
5억 원 초과~10억 원 이하	42%	35,940,000
10억 원 초과	45%	65,940,000

출처: 국세청

하지만 그렇지 않다. 만약 내 연간 배당금이 2,100만 원이라면 100만 원만 금융소득 종합과세 대상이 된다. 설령 엄청나게 많은 배당금을 받았어도, 2,000만 원까지는 무조건 분리과세로 15.4%의 세율이 적용되는 것이다.

그럼 2,000만 원을 초과한 배당금에는 얼마나 많은 종합소득세가 부과될까? 2022년 대한민국 근로소득자의 평균연봉은 4,200만 원 정도이다. 소득세율은 연봉에서 인적공제와 연금보험료공제, 특별소득공제 등을 뺀 과세표준에 부과되고, 이를 제하면 평균연봉을 받는 직장인의 과세표준은 3,000만 원 정도로 추정할 수 있다.

이 직장인이 배당금으로 3,000만 원을 받았다면? 배당금 중 2,000만 원을 초과한 1,000만 원만 종합소득 과세표준에 더해져, 소득세 과세표준이 4,000만 원이 된다. 소득세 과세표준 5,000만 원까지는 15%의 종합소득세율에 1.5%의 지방소득세율이 더해져 16.5%가 소득세로 부과된다. 분리과세 세율인 15.4%보다 1.1%만 더 적용되는 셈이다. 즉 모두의 두려움과 다르게 2,000만 원을 초과한 배당금 1,000만 원에 대해 추가로 납부해야 하는 세금은 11만 원 정도다.

연봉 상위 10%의 직장인이 배당금 3,000만 원을 받는다면 세금은 어떻게 될까? 2022년 대한민국 근로소득자 중 상위 10%에 해당하는 연봉은 약 8,000만 원 정도였다. 이들의 과세표준을 약 6,500만 원 정도라고 가정해보자. 여기에 배당금 2,000만 원을 초과한 금액인 1,000만 원을 더하면 종합소득세 과세표준은 7,500만 원이 된다. 종합소득세 과세표준 5,000만 원 초과 8,800만 원 이하는 24%의 세율이 적용되고, 여기에 2.4%의 지방소득세가 더해져 총 26.4%가 적용된다. 분리과세 세율 15.4%보다 11%를 더 내는 것이다. 즉, 2,000만 원을 초과한 1,000만 원에 110만 원의 세금만 추가 납부하면 끝이다.

그렇다면 연봉이 수십억이라 과세표준이 10억 원이 넘어 가장 높은 세율을 적용받으면 어떻게 될까? 약 49.5%의 세율이 적용된다. (45% + 지방소득세 4.5%) 분리과세 세율 15.4%보다 34.5%가 더 부과되는 것이다.

이렇게 똑같은 배당금을 받더라도, 연봉에 따라 배당금에 부과되는 세금은 크게 차이가 나게 된다. 고액연봉자에게는 배당금이 2,000만 원을 넘을 때부터 큰 부담이 될 수 있다. 배당금의 절반을 세금으로 내야 하기 때문이다. 반대로 별도의 소득이 없거나 적은 은퇴자, 아직 연봉이 많지 않은 사회초년생에게는 배당금이 2,000만 원을 넘어도 세금의 부담은 상대적으로 크지 않을 것이다.

건보료 폭탄이 터질 수 있다?

주식배당금이 2,000만 원을 넘었을 때 신경 써야 하는 것은 금융소득 종합과세뿐만이 아니다. 그 못지않게 신경 써야 할 것이 바로 '건강보험료'이다. 주식배당금이 2,000만 원을 넘어가면 건강보험료가 추가로 부과되기 때문이다. 만약 자신이 건강보험 피부양자라면 피부양자 자격까지 잃을 수 있어 유의해야 한다.

참고로 직장인의 건강보험료율은 2009년 5.08% 수준에서 매년 인상되어 2024년에는 7.09%이다. 이 중 절반인 3.545%는 직장에서 지원해주니, 결국 우리의 월급에서 차감되는 실질 건강보험료는 3.545%다. 즉, 월급 100만 원당 3만 5,450원의 건강보험료가 징수된다. 여기에 '노인장기요양보험료'가 추가 부과된다.

그렇다면 월급으로 10억 원을 받는다면 매달 3.545%씩 3,545만 원을 내야 할까? 그렇진 않다. 월급에 부과되는 건강보험료에는 상한이 있기 때문이다. 이를 '보수월액 건보료 상한액'이라고 하는데, 2024년에는 848만 1,420원이다. 이 중 절반은 회사에서 부담해주기 때문에 424만 710원이 개인 납부 금액의 상한이다. 이 한도를 채우려면 월급으로 1억 2,000만 원 정도를 받아야 하니, 고려하기엔 너무 큰 금액이라고 볼 수 있다.

그런데 금융소득이 많은 직장인은 건강보험료가 추가 부과될 수 있다. 월급 이외 소득이 2,000만 원을 넘으면 그 초과분에 대해서 7.09%의 '소득월액 보험료', 또 0.9182%의 '장기요양 보험료'도 더해져 실질적으로는 총 8.0% 정도가 부과된다. 만약 주식에서 3,000만 원의 배당금이 발생했다면, 초과분 1,000만 원의 8.0%인 80만 원을 추가로 내는 것이다.

하지만 이 금액도 바로 내야 하는 것은 아니다. 2024년에 받은 배당금은 2025년 5월 종합소득세 신고를 하게 되고, 건강보험료는 종합소득세 신고 이후인 2025년 11월부터 2026년 10월까지 나누어서 부과된다. 매월 59,000원 정도의 건강보험료가 추가 부과된다.

그럼 1년 동안 배당금으로 12억 2,000만 원을 번다면, 소득월액 건보료로 매월 709만 원이 추가 부과되는 것일까? ((12억2,000만 원 − 2,000만 원) × 7.09% ÷ 12개월) 그것은 아니다. 보수월액 건보료에 상한이 있듯, 소득월액에 대한 건보료도 상한액이 있다. 2024년 기준, 424만 710원이다. 금융소득이 6억 1,000만 원 정도가 되면 이 상한액에 걸리게 된다.

참고로 직장을 다니지 않고, 사업을 하거나 프리랜서로 돈을 번다면 '지역가입자 건강보험료'가 부과된다. 지역가입자는 소득과 재산, 보유 자동차(4,000만 원 이상)에 따라 건강보험료가 부과되는데, 상한액은 424만 710원이다. 연소득 6억 6,000만 원, 월 5,500만 원 정도를 초과하게 되면 상한액에 걸리게 된다. 참고로 연예인 김구라씨가 2023년에 건보료로 월 440만 원을 낸다고 한 것으로 보아 월 5,500만 원을 넘게 벌고 있을 것으로 추산된다.

건강보험 피부양자라면 배당금 때문에 건강보험 피부양자 자격이 상실되지 않도록 유의해야 한다. 참고로 건강보험 피부양자 자격이 상실되는 경우는 다음과 같다.

> ① 사업소득이 있는 사업자
>
> ② 사업자가 아니라도 사업소득 연간 합계액이 500만 원 이상
>
> ③ 재산세 과세표준액 9억 원 이상

　건강보험 피부양자 자격을 유지하기 위해서는 다음의 조건을 만족해야 한다.

> ① 재산세 과세표준금액 5억 4,000만 원 이하인 경우, 이자+배당+사업+기타+연금소득(사적연금 제외)의 연간 합계액이 2,000만 원 이하여야 한다.
>
> ② 재산세 과세표준금액 5억 4,000만 원 초과, 9억 원 이하인 경우, 이자+배당+사업+기타+연금소득(사적연금 제외)의 연간 합계액이 1,000만 원 이하여야 함.

　즉 다른 소득이 전혀 없고 주식배당금만 받을 때 재산세 과세표준금액이 5억 4,000만 원 이하라면 주식배당금이 2,000만 원 이하여야 건강보험 피부양자 자격을 유지할 수 있다. 만약 자신이 연간 주식배당금이 2,000만 원 언저리로 예상되는 피부양자라면 이 커트라인을 절대로 초과해선 안 된다. 조금만 넘어도 건강보험 피부양자 자격을 잃게 되고, 배당금 몇만 원 때문에 연간 수십만 원에서 백만 원이 넘는 건보료를 내야 할 수 있기 때문이다.

　정말로 큰 금액을 투자해 많은 배당금을 받기 전에는 되도록 연간 예상

배당금을 1,500만 원 이하로 맞추어두는 것이 안전하다. 가끔 배당금액을 크게 늘리는 기업들이 있기 때문이다. 만약 재산세 과세표준금액이 5억 4,000만 원을 초과한다면 배당금이 1,000만 원을 넘지 않도록 유의하자. 이 경우, 예상 배당금을 800만 원 이하로 맞추는 것이 안전하다.

20년 후 1억 원을 만들어주는
세액공제·비과세

연금계좌와 연금저축펀드

OECD에서는 2023년 말 '한눈에 보는 연금 2023'이라는 보고서에서 가입국의 노인빈곤율을 발표했다. 노인빈곤율이라는 이 무서운 단어의 정확한 의미는 뭘까? '가처분소득이 전체 인구 기준중위소득 50% 이하인 노인'의 비율을 뜻한다. OECD 회원국의 평균 노인빈곤율은 14.2%인데 반해, 한국의 노인빈곤율은 40.4%로 OECD 회원국 중 1위였다. 그리고 보고서에서는 그 원인으로 빈약한 연금을 지적했다.

정부에서도 이러한 문제를 해결하기 위해 여러 가지 제도를 마련해두었다. 그중에서 가장 핵심적인 것이 연금계좌이다. 납입할 때는 세액공제, 운용할 때는 과세이연, 수령할 때 낮은 세율이라는 다양한 혜택을 주지만, 대신 일정 시점 이후에 돈을 찾을 수 있는 상품이다. 이를 통해 많

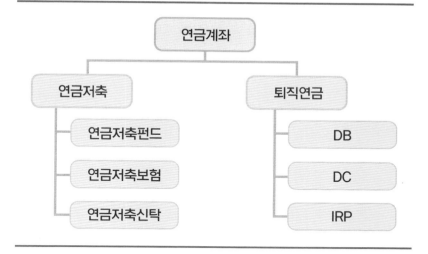

은 국민이 개인연금에 가입하여 스스로 노후를 준비하는 것을 지원하고 있다.

연금계좌는 크게 '연금저축'과 '퇴직연금'으로 구분할 수 있다. 연금저축은 '연금저축신탁', '연금저축보험', '연금저축펀드'로, '퇴직연금'은 'DB', 'DC', 'IRP'형으로 다시 나누어진다.

연금저축 상품 중 연금저축펀드는 증권사에서, 연금저축보험은 보험사에서, 연금저축신탁은 은행에서 운용한다. 다만, 현재 연금저축신탁은 신규 가입을 할 수 없다. 이 책을 읽는 독자 대부분은 주식투자에 관심이 있을 것이기에, 연금저축펀드를 자세히 정리해보겠다.

국내 거주자라면 누구나 연금저축펀드에 가입할 수 있다. 연령이나 소득에 제한이 없으며, 금융소득이 2,000만 원을 초과하는 금융소득종합과세 대상자도 증권사 영업점이나 홈페이지 HTS를 통해서 간편하게 가입할 수 있다.

이 상품을 통해 매수할 수 있는 상품은 국내 ETF와 펀드, 그리고 국내에 상장된 해외 ETF 등이다. 예를 들면, 'KODEX200', 'TIGER배당성장'처럼 국내 증권사가 국내 주식시장을 기반으로 운용하는 상품이나, 국내에 상장되었지만 해외 증시나 해외주식을 추종하는 ETF인 'TIGER 미국S&P500', 'ACE 미국나스닥100' 등이 있다.

다만 예·적금과 국내와 해외의 개별 주식, 해외 ETF, 레버리지, 인버스 상품 등에는 투자할 수 없다. 잘 알려져 있고 인기도 좋은 해외 ETF인 'SPY', 'SCHD' 등을 살 수 없는 것이다. 또 ETF와 펀드를 매수할 때는 해당 상품의 수수료를 내야 한다는 단점도 있다. 때문에 수수료를 절약하고 싶다면 수수료율이 낮은 국내 ETF를 매수하는 것이 유리하다.

이제부터는 연금저축펀드의 장점을 알아보자.

① 세액공제

연간 1,800만 원까지 납입할 수 있고, 최대 600만 원까지 세액공제 혜택이 적용된다. 세액공제율은 투자자의 종합소득이나 근로소득에 따라 다르게 적용된다. 종합소득이 4,500만 원 이하 또는 근로소득이 5,500만 원 이하라면 16.5%의 세액공제율을 적용받을 수 있다. 만약 이를 초과한다면 13.2%의 세액공제율을 적용받게 된다. (지방소득세 포함)

종합소득이 4,500만 원인 A와 근로소득이 6,000만 원인 B가 있고, A와 B 모두 연금저축에 각각 1,800만 원씩 넣고 투자한다고 가정해보자.

연금저축 세액공제 한도 정리

기준 금액	종합소득금액		근로소득금액	
소득 범위	4,500만 원 이하	4,500만 원 초과	5,500만 원 이하	5,500만 원 초과
세액공제 한도	600만 원		600만 원	
공제율	16.5%	13.2%	16.5%	13.2%
공제금액 한도	99만 원	79만 2,000원	99만 원	79만 2,000원

(*지방소득세율 포함)

우선 2명 모두 600만 원을 세액공제 받을 수 있다. 하지만 세액공제율은 각각 다르다. 종합소득이 4,500만 원 이하인 A는 600만 원에 대해 16.5%의 세액공제율을 적용받아 99만 원을 세액공제 받을 수 있다. 반면 근로소득이 6,000만 원인 B는 600만 원에 대해 13.2%의 세액공제율을 적용받아, 79만 2,000원의 세액공제를 받는 것이다.

하지만 이렇게 강력한 세액공제 혜택을 받으려면 다음과 같은 조건을 만족해야 한다. 최소 5년 이상 가입해야 하고, 55세가 지나서 10년 이상 연금을 받아야 한다. 납입과 수령 모두 긴 시간이 필요한데, 만약 그사이에 중도 해지하면 세액공제 받은 금액에 대해 16.5%의 기타소득세를 내야 한다. 세액공제를 받지 않은 원금에는 부과되지 않지만, 세액공제 받은 금액을 다시 내는 상황이 발생할 수도 있다.

② 과세이연

일반 증권계좌에서 발생하는 배당수익에는 바로 배당소득세가 과세된다. 하지만 연금저축펀드를 통해서 발생하는 배당수익은 바로 과세 되

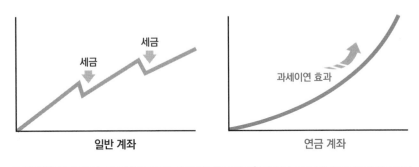

IRP 과세이연 효과

세금

세금

과세이연 효과

일반 계좌

연금 계좌

출처: 삼성자산운용

지 않고, 연금을 받을 때 일괄 과세된다. 즉 바로 과세 되지 않은 금액을 재투자할 수 있어, 그만큼 수익률을 키울 수 있다.

③ 연금 수령 시 낮은 세율

55세 이후 연금을 받을 때 낮은 세율을 적용받는 것도 큰 이점이다. 처음에는 세액공제를 받지 않은 원금이 지급되며, 이에 대해서는 세금이 전혀 부과되지 않는다. 세액공제를 받지 않고 세금을 모두 냈으니, 세금이 부과되지 않는 것이 당연하다.

그다음은 세액공제를 적용받은 원금을 수령하는데, 수령자의 나이에 따라 3.3%에서 5.5%의 연금소득세가 부과된다. (55세 이상~70세 미만: 5.5%, 70세 이상~80세 미만: 4.4%, 80세 이상: 3.3%) 마지막으로 수익금이 지급되는데 역시 수령자의 나이에 따라 3.3%에서 5.5%의 연금소득세가

연간수령액 1,200만 원 한도가 적용되는 연금 종류

연금 종류		한도적용	비고
국민연금, 공무원연금, 사학연금, 군인연금		X	
퇴직연금	퇴직금	X	소득·세액공제를 받은 금액과 운용수익
	본인 추가납입액	O	
개인연금	연금저축*	O	
	구) 개인연금**	X	
	연금보험	X	

(*2021년 1월 이후 판매된 소득·세액공제 혜택이 있는 상품)

(**1994년 6월~2000년 12월 중 판매된 소득공제 혜택이 있는 상품)

출처: 중앙일보

부과된다.

세액공제를 받은 원금과 수익금이 지급될 때, 연간 1,200만 원을 초과하여 수령하는 금액에는 16.5%의 분리과세가 적용된다. 참고로 국민연금, 공무원연금, 사학연금, 군인연금, IRP에 납입된 퇴직금은 1,200만 원 한도에 포함이 되지 않는다.

연금저축보험에 관심 있는 분들도 있을지 몰라서 간단히 비교해보겠다. 연금저축보험은 연금저축펀드와 납입한도, 세액공제, 과세이연, 수령 시 낮은 세율 등의 내용은 같다. 단, 기대수익률과 원금보장 여부, 예금자 보호 여부가 다르다.

앞서 살펴보았듯이, 연금저축펀드는 증권사의 펀드나 ETF 투자를 통해 주식, 채권, 원자재 등 다양한 자산에 간접 투자할 수 있다. 투자한 수익률에 따라 연금액이 결정된다. 투자를 잘하면 수익률이 수십%에서 수백%가 될 수 있지만, 투자가 잘못되면 수십%의 손실이 발생할 수도 있다. 예금자 보호가 적용되지 않는다는 단점도 있다.

반면 연금저축보험은 보험사의 공시이율에 따라 수익률이 결정된다. 이 때문에 원금이 보장되는 안정적인 수익을 기대할 수 있고, 예금자 보호도 받을 수 있다. 하지만 기대 이상의 높은 수익률은 기대할 수 없다는 것은 단점이다. 2016년부터 2024년까지의 전체 보험회사의 평균 공시 이율을 보면 2.5%~3.0% 정도이다. 3.0%가 복리로 적용된다고 해도 투자한 자산이 2배가 되는데 무려 24년이 걸리는 것이다.

배당성장주에 투자하고 싶은데, 중장기적으로 절세를 하고 싶다면 연금저축펀드를 선택하면 된다. 반대로 수익률은 낮지만, 예금자와 원금을 보호받는 극도의 안정성을 선호한다면 연금저축보험을 선택하면 된다.

퇴직연금과 IRP

퇴직연금 제도가 나오기 전에는 퇴직금 제도만 있었다. 매월 받는 급여 일부를 퇴직금 명목으로 원천징수해 회사에서 관리 운용하고, 직원이 퇴직할 때 퇴직금을 지급하는 방식이었다. 문제는 회사의 재무 상황이 나빠지거나 파산하는 등 악재가 발생하면 퇴직금을 받지 못할 수도 있다는 것이다. 실제로 2020년 퇴직금 체불액은 무려 6,326억 원에 달했다. 이러한 퇴직금의 문제점을 보완하기 위해 만들어진 것이 바로 퇴직연금이다.

2012년 이후 설립된 회사는 퇴직연금을 의무적으로 운영해야 한다. 하지만 2012년 이전에 설립된 회사는 퇴직금이나 퇴직연금 제도 중 한 가지를 임의로 선택할 수 있다. 2022년 말 기준, 퇴직연금에 가입한 회사는 아직도 전체의 26.8%에 불과하다고 한다. 만약 퇴직연금을 도입한 회사에 다니고 있는 근로자라면 회사와 협의하여 'DB형'과 'DC형' 중에서 선택할 수 있다. 유형별 특징은 다음과 같다.

DB형은 'Defined Benefit'의 줄임말로 확정급여형이라 부른다. 회사에서 적립금 투자와 퇴직금 지급을 책임지기 때문에, 근로자는 적립금을 어떻게 운용할지 신경 쓸 필요가 없다.

퇴직금은 근로자의 퇴직시점 평균 임금 수준과 근속기간에 따라 결정된다. 즉 퇴직시점 평균 임금이 높고, 근속기간이 길수록 퇴직금은 커진다. 그렇기에 사업이 안정적이고 근로자의 평균 근속년수가 길며, 퇴직시점에 근로자의 임금이 높은 기업(주로 호봉제 채택 기업)에 다니고, 직접투자에는 별 관심이 없다면 DB형이 유리하다.

DC형은 'Defined Contribution'의 줄임말로 확정기여형 제도라고 부른다. 매년 정산받은 퇴직금을 근로자가 어떻게 투자할 것인지 직접 선택한다. 근로자 본인의 투자 실적에 따라서 받을 수 있는 퇴직금이 달라진다. 같은 회사에서 같은 기간 근무했더라도 누군가는 손해를 보고 누구는 수백%의 수익을 낼 수도 있는 것이다.

정리하면, 임금상승률이 투자수익률보다 높을 것 같다면 DB형이. 투자수익률이 임금상승률보다 높을 것 같다면 DC형이 유리하다고 볼 수 있다.

하지만 위의 두 가지 퇴직연금으로는 시대의 변화를 따라잡기 버겁다

퇴직연금의 유형별 정리

구분	퇴직금제도	DB형	DC형	IRP형
급여수준	(일 평균임금×30일) ×(재직일수÷365)	(일 평균임금×30일) ×(재직일수÷365)	근로자 운용실적에 따라 변동	근로자 운용실적에 따라 변동
운용책임	사용자	사용자	근로자	금융기관
수령방법	일시금	일시금 혹은 연금		
적립기관	회사	금융기관		

는 의견도 나왔다. 근로자들의 이직이 활발해지면서 평균 근속기간이 줄고 있고, 이 때문에 퇴직금이 노후를 위한 자금이 아니라 생활 자금으로 소진되는 사례가 많이 발생했기 때문이다.

이러한 문제점을 해결하기 위해 만들어진 것이 기업형 'IRP'이다. IRP는 'Individual Retirement Pension'의 약자로서 '개인퇴직연금제도'라고도 부른다. 2022년 4월부터 퇴직금은 반드시 IRP 계좌로 수령하도록 의무화되었다. 따라서 회사에서 받는 퇴직금은 회사에서 해당 근로자의 IRP 계좌로 바로 납부가 되고 있다.

IRP는 연금저축과 강력한 장점을 공유하고 있다. 납입할 때는 세액공제, 운용할 때는 과세이연, 수령할 때 낮은 세율이다. 이를 통해 근로자가 퇴직금을 사용하지 않고, 노후까지 계속 모아가도록 유도하는 것이다. IRP의 특징과 혜택은 다음과 같다.

먼저 IRP의 특징을 알아보자. IRP는 소득이 있는 근로자(직장인, 개인사업자, 자영업자, 프리랜서 등)면 누구나 은행이나 증권사, 보험사를 통해 가

개인형 퇴직연금(IRP)

A회사 퇴직금 → 이직 → B회사 퇴직금 → 이직 → C회사 퇴직금

IRP (개인형 퇴직연금제도)

추가 납입

원하는 시점에 일시금 수령 OR 55세 이후 연금 수령 가능

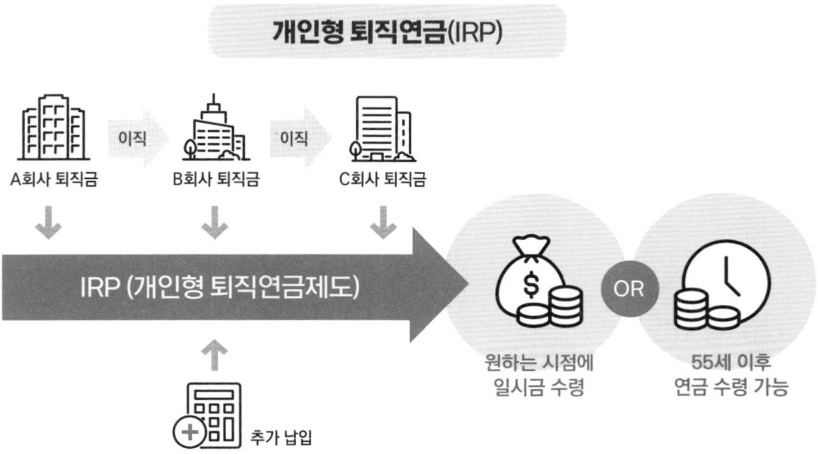

입할 수 있다. 단, 한 곳의 금융회사에서 한 계좌만 가입할 수 있다. 은행의 정기예금, 저축보험, 펀드, 국내상장 ETF 등에 투자할 수 있으며, 펀드나 ETF 같은 위험자산(원리금을 보장하지 않는)의 투자 한도는 70% 이내로 제한된다. 즉 최소 30%는 예금이나 저축보험 같은 원리금 보장 상품에 투자해야 한다. 개별 주식에는 투자할 수 없다. 마지막으로 원하는 시점에 일시금으로 수령할 수 있는 특징이 있다. 가입 기간이 5년을 넘었다면 55세 이후에 연금으로 수령하는 것도 가능하다. 개인투자자들에게 혜택이 중요한 만큼, 각각의 혜택은 좀 더 자세히 알아보자.

① 세액공제

IRP는 연간 납입금 중 900만 원까지 세액공제를 받을 수 있다. 연금저

축펀드보다 세액공제 받을 수 있는 금액이 300만 원 더 많지만, 이 한도는 연금저축계좌 납입금까지 포함한 금액이다. 즉, 연금저축계좌에 600만 원 이상을 납입해 이 금액에 대한 세액공제를 받으면 IRP에서는 300만 원까지만 세액공제를 받을 수 있다.

또 연간 총급여액이 5,500만 원 이하 또는 종합소득금액이 4,500만 원 이하라면 16.5%의 세액공제율이 적용된다. 그 기준을 초과하면 13.2%의 세액공제율이 적용되는 것은 연금저축펀드와 같다. 만약 총급여액이 5,500만 원인 A와 6,000만 원인 B가 올해 IRP에 1,000만 원을 납입했다면, A는 900만 원에 대해 16.5%의 세액공제율을 적용받고, 148만 5,000원의 세액공제를 받을 수 있다. B는 900만 원에 대해 13.2%의 세액공제율을 적용받아, 118만 8,000원의 세액공제를 받을 수 있다.

② 과세이연

연금저축펀드와 마찬가지로 IRP을 이용해 투자하면 과세이연 효과를 누릴 수 있다. 또 IRP에서 발생한 수익에도 바로 과세하지 않는다. 나중에 연금으로 받을 때 자신의 나이에 따라 최소 3.3%에서 최대 5.5%의 연금소득세만 내면 된다. 일반 계좌에서 펀드나 ETF에 투자했다면 바로 냈어야 할 세금을, IRP에서는 재투자에 사용함으로써 중장기적으로 더 큰 수익을 기대할 수 있다.

③ 연금 수령 시 낮은 세율

일반적으로 퇴직금을 받을 때는 금액과 근속연수에 따라 6%에서 45%의 퇴직소득세가 부과된다. 하지만 IRP에서 운용하던 금액을 55세 이후에 연금으로 받게 된다면, 퇴직소득세의 30%를 감면받을 수 있다. 연금 수령 11년째부터는 40%를 감면받는다.

연금 수령 시 IRP 세제 혜택

세법상 인출순서	재원	연금수령(주)	연금외수령
1	세액공제 받지 않은 개인납입액	과세제외	과세제외
2	퇴직금	퇴직소득세 30% (실수령 11년 차부터는 40%) 감면하여 연금소득세 분리과세	원래 냈어야 할 퇴직소득세 분류과세
3	세액공제 받은 개인납입액 및 운용수익	수령시점 연령에 따라 3.3%~5.5% 연금소득세 분리과세 (지방소득세 포함, 단, 연 연금수령액이 1,500만 원을 초과하면 종합과세 또는 지방소득세 포함 16.5%의 분리과세 선택 가능)	연말정산시 세액공제율과 무관하게 16.5% 기타소득세 분리과세 (지방소득세 포함)

출처: 삼성증권. 삼성자산운용

퇴직금 외에 개인적으로 추가 납입한 자금과 운용 수익은 연금 수령 시기에 따라 연간 수령액 1,500만 원까지 연금소득세가 최소 3.3%에서 5.5%까지 부과된다. 55세 이상 70세 미만이면 5.5%, 70세 이상 80세 미만은 4.4%, 80세 이상은 3.3%이다. 1,500만 원이 넘는 수령액은 종합과세나 분리과세를 선택하면 된다. 분리과세는 15%로, 지방소득세 1.5%를 포함하면 16.5%가 적용된다.

이렇게 IRP는 다양한 장점들이 있지만, 꼭 주의할 점이 있다. 일반적으로 IRP의 중도 출금은 불가능하지만, 무주택자의 주택 구매나 IRP 가입자 혹은 부양가족이 6개월 이상 요양하는 등의 사유의 경우에는 전액 해지가 가능하다. 이렇게 연금이 아닌 일시금 형태로 받게 되면 납입한 퇴직금에 대해 최소 6%에서 최대 45%의 퇴직소득세가 부과된다. 그동안 세액공제 받았던 개인적인 납입액과 운용 수익은 16.5%의 기타소득세가 부과된다. 그렇기에 세제혜택을 극대화하려면 55세 이후에 연금의 형태로 수령하는 것이 가장 좋다.

ISA, 개인종합자산관리계좌

ISA는 'Individual Savings Account'의 약자로 개인종합자산관리계좌를 의미한다. 하나의 계좌에서 예금이나 적금, 펀드, ELS 등 다양한 금융상품에 투자할 수 있고, 게다가 절세혜택까지 받을 수 있어 만능통장으로 불리기도 한다. 연금상품은 아니지만 세금 혜택을 통해 대한민국 국민의 저축과 투자를 장려하는 것이다. 이 또한 장기적으로 재산을 키워서 안정적인 노후 설계를 돕는 것에 초점이 맞춰져 있다.

19세 이상의 거주자라면 누구나, 근로소득자라면 15세 이상부터 증권사 영업점 방문이나 인터넷과 스마트폰을 통해서 가입할 수 있다. 다만 직전 3년 중 1회 이상 금융소득종합과세 대상이라면 가입할 수 없다는 것에 유의하자.

납입한도는 연간 2,000만 원으로 5년간 총 1억 원까지 가능하고, 이월적립도 가능하다. ISA 계좌를 만들어만 두면 한 푼도 넣지 않아도 마지막에 1억 원을 몰아서 넣어 모든 혜택을 받을 수 있다. 당장 투자할 돈이 없더라도 나중에 목돈이 생겼을 때를 대비해 미리 ISA를 만들어 두는 것을 추천한다.

ISA는 '중개형', '신탁형', '일임형' 3가지 종류가 있다. 운용방식에 따라 직접 운용하거나 금융사에 일임할 수 있다. ISA 종류에 따라 투자할수 있는 대상도 약간씩 다르다. 만약 국내에 상장한 주식에 직접 투자하고 싶다면 중개형 ISA에 가입하면 된다. 펀드나 ETF, 채권에도 투자가가능하지만, 예금과 적금에는 투자할 수 없다. 투자자가 직접 운용하기에 수수료가 상대적으로 낮은 편이다.

신탁형과 일임형은 펀드, ETF, 채권뿐 아니라 예금과 적금에도 가입할수 있다. 다만 중개형과 다르게 국내상장주식에는 직접 투자할 수 없다.신탁형은 투자자가 금융사에 운용을 지시할 수 있으며, 금융사에 운용을전적으로 맡기고 싶다면 일임형을 선택하면 된다. 금융사가 운용하기에수수료가 상대적으로 높은 편이다.

ISA 계좌에서 투자한 상품들은 손익을 합산하여 200만 원까지는 비과세한다. 그리고 이를 초과한 금액은 9.9%로 분리과세한다. 즉 ISA 계좌내에서 1,000만 원의 배당금이 발생했다면? 200만 원은 비과세이고 초

ISA의 종류와 특징

	중개형	신탁형	일임형
투자 방식	투자자 직접운용	투자자가 금융사에 운용을 지시	금융사가 일임받아 운용
투자 상품	국내상장주식, 펀드, ETF, ETN, ELS, 리츠, 채권 등	예·적금, 펀드 ETF, ETN, ELS, 리츠, 채권 등	
수수료	낮음	높음	

ISA 종류별 상품내용

	일반형	서민형	농어민
가입대상	-19세 이상 거주자 -15세 이상 19세 미만 근로소득자	-총급여액: 5,000만 원 이하 근로자 -소득금액: 3,800만 원 이하 사업자	농어민 (소득금액 3,800만 원 이하)
가입금액	연간 2,000만 원 한도(총 1억 원, 이월 가능) *재형저축 소득공제장기펀드 보유고객은 총한도에서 해당상품의 잔여한도 차감		
가입기간 연장	가능 (만기일 3개월 전부터 만기일 전일까지)		
최소 가입금액	일임형 ISA: 1만 원 / 신탁형 ISA: 1만 원 단위		
비과세 한도	200만 원	400만 원	
의무기간	3년		

출처: 국민은행

과 소득 800만 원의 9.9%만 과세하는 것이다. 분리과세이기 때문에 금융소득종합과세에는 포함되지 않는다.

농어촌 또는 서민형 ISA계좌는 최대 400만 원까지 비과세 처리된다. 소득금액 3,800만 원 이하 농어민이라면 농어민 ISA 계좌에 가입할 수 있으며, 5,000만 원 이하 근로자 또는 3,800만 원 이하 사업자라면 서민형 ISA 계좌 개설이 가능하다.

단, 손익을 합산하여 과세하기 때문에 추가적인 세금 혜택이 발생한다. 해외펀드 A에서 수익 300만 원이 발생했고, 해외펀드 B에서 90만 원 손실이 발생했다고 가정하자. 일반증권 계좌에서 투자했다면 해외펀드 A의 수익 300만 원이 과세 대상이 된다. 그것도 15.4%라는 높은 세율을

ISA 계좌의 손익 통산 혜택

[사례] 두개의 금융상품에 투자해 300만원 이익, 90만원 손실이 발생한 경우

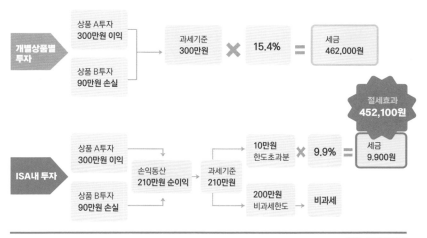

출처: 유안타증권

그대로 맞게 된다.

하지만 ISA 계좌에서 투자했다면 A와 B의 손익을 통산한다. 즉 300만 원의 수익에서 90만 원의 손실을 뺀 210만 원만 과세의 대상이 되는 것이다. 그것도 200만 원까지는 비과세이고 나머지는 9.9%의 세율만 적용된다.

의무가입기간은 3년으로 연장도 가능하며 의무가입기간 이후에는 언제든 해지할 수 있다. 만약 의무가입기간 내에 해지한다면, 그동안 얻은 수익에는 일반 세율이 적용되며 인출한 금액은 다시 납입 불가능하다. 참고로 기획재정부에서는 ISA 개정안을 내놓았고, 내용은 다음과 같다.

먼저 납입 한도가 연간 2,000만 원에서 4,000만 원으로 늘어난다. 따

			현행	개정안	
				일반투자형 ISA	국내투자형 ISA(신설)
납입한도			연 2,000만 원(총 1억 원)	연 4,000만 원(총 2억 원)	
세제혜택	일반투자자	비과세한도	200만 원 (서민·농어민형 400만 원)	500만 원 (서민·농어민형 1,000만 원)	1,000만 원 (서민·농어민형 2,000만 원)
		한도초과분	9% 분리과세	9% 분리과세	
	금융소득 종합과세자		가입제한	가입제한	가입허용 (비과세 없이 14% 분리과세 적용)

출처: 기획재정부

라서 최대 5년 동안 2억 원까지 납입할 수 있다. 비과세 한도는 200만 원에서 500만 원으로 늘어난다. 농어민형과 서민형의 비과세 한도는 400만 원에서 1,000만 원으로 늘어난다. 비과세 한도를 초과하는 수익은 기존과 동일하게 9.9% 분리과세를 적용한다.

또 국내투자형 ISA가 신설된다. 국내 주식과 국내 주식형 펀드에만 투자할 수 있는 대신 비과세 한도가 1,000만 원으로 훨씬 크다. 농어민형과 서민형은 2,000만 원까지 가능하다. 이 상품은 금융소득종합과세자도 가입이 가능한 대신, 비과세 혜택은 받지 못한다. 대신 수익에 대해서는 15.4%의 분리과세가 적용되어 절세에 훨씬 유리해진다.

'연금저축펀드나 IRP, ISA를 잘 활용해봐야 얼마나 도움이 되겠어? 겨우 1년에 100만 원 남짓한 세액공제나 비과세 혜택을 받으려고 공부하고 가입하는 거 귀찮다!'라고 생각하는 독자들도 있을지 모르겠다. 그런

절세혜택을 이용한 20년간 현금 흐름

(단위: 원, %)

연차	투자시드	누적주식수 (신규+배당금)	주당배당금	배당률	총배당금
1	1,500,000	150	500	5.00	75,000
2	3,075,000	308	535	5.35	164,513
3	4,739,513	474	572	5.72	271,313
4	6,510,826	651	613	6.13	398,802
5	8,409,628	841	655	6.55	551,165
10	20,897,661	2,090	919	9.19	1,920,975
15	43,921,318	4,392	1,289	12.89	5,662,631
20	97,916,945	9,792	1,808	18.08	17,705,966

(*주가 1만 원, 연간 배당성장률 7%로 고정)

데 1년에 100만 원씩 받은 혜택에 복리효과가 붙는다면? 20년 후 자신의 자산과 현금흐름은 크게 달라져 있을 수도 있다.

세액공제와 비과세 혜택만큼 직관적이고 강력하게 내가 낼 돈을 줄일 방법은 드물다. 그리고 그만큼 우리의 투자금이 늘어나는 셈이다. 연금저축펀드와 IRP를 잘 활용하면 연간 최대 148만 5,000원의 세액공제 혜택을 받을 수 있다. 거기다 ISA 비과세 혜택을 통해 연 30만 원을 (200만 원 × 15.4%)을 더 절감할 수 있다. (서민형과 농어민형은 60만 원) 분리과세 혜택까지 더하면 절감되는 금액은 훨씬 커진다. 과세이연으로 인한 세금의 재투자 효과도 발생하여 수익도 더 키울 수 있다.

연금저축펀드와 IRP, ISA를 활용해서 아낀 150만 원의 세금을 재투자한다고 가정해보자. 투자 대상의 현재 배당수익률이 5%이고 매년 7%씩 배당금이 증액되며, 거기서 나오는 배당금도 재투자한다면 어떻게 될까?

5년 후의 시드머니는 840만 원, 연간 배당금은 55만 원이 된다. 10년 후의 시드머니는 2,089만 원, 연간 배당금은 192만 원이 된다. 15년 후에는 시드머니 4,392만 원, 연간 배당금은 566만 원. 마지막으로 20년 후의 시드머니는 9,791만 원, 연간 배당금은 1,770만 원이 된다. 연간 150만 원의 세금을 절약해서 꾸준히 배당성장주 혹은 배당성장펀드에 20년 동안 투자하면 1억 원에 가까운 시드머니와 2,000만 원에 가까운 현금흐름이 보너스로 만들어지는 것이다.

즉, 귀찮다고 연금저축펀드나 IRA, ISA를 활용해 절세할 기회를 놓치면, 20년 후 1억 원의 시드머니와 연간 2,000만 원이 넘는 현금흐름이라는 보너스를 날려버리는 것과 마찬가지이다. 이제 선택은 독자의 몫이다.

투자 기간과 상품별 마법 같은 연금전략

앞서 살펴본 것처럼 연금저축펀드와 IRP, ISA에는 다양한 세제 혜택이 있다. 그렇다면 과연 이 상품들을 어떻게 활용하는 것이 가장 좋을까? 자금의 투자 가능 기간과 선호하는 투자 상품에 따라서, 아래와 같이 최적의 포트폴리오를 구성해보았다.

CASE ① 1~2년 이내에 꼭 사용해야 할 자금이라면?

예금, CMA 등의 원금보장 상품을 활용하자. 이렇게 짧은 기한 내에는 연금저축이나 IRP, ISA의 가입 의무기간을 채울 수 없다. 그리고 주식과 펀드, ETF 등의 가격 변동성이 갈수록 심해지고 있다. 만약 자신이 사용

투자 가능 기간에 따른 포트폴리오 구성

연차	선호 투자 상품	최적 포트폴리오
1년~2년	상관없음	일반계좌에서 예금, CMA 등의 원금 보장 상품
3년 이상 (55세 미만)	국내 주식 한정	중개형 ISA 2,000만 원 → 일반계좌
3년 이상 (55세 미만)	펀드, ETF, 원금보장형 상품	ISA(신탁형, 일임형) 2,000만 원 → 일반계좌
55세까지 (추가 5년 이상)	펀드, ETF 위주 (원금보장형 포함)	연금저축펀드 600만 원 → IRP 300만 원 → ISA 2,000만 원 → 연금저축펀드 1,200만 원 → 일반계좌
55세까지 (추가 5년 이상)	국내 주식 한정 (원금보장형 일부 포함)	**–수익률에 자신이 있다면 (20% 초과)** ISA(중개형) 2,000만 원으로 시작 **–수익률에 자신이 없다면** 연금저축펀드 600만 원 → IRP 300만 원 → ISA(중개형) 2,000만 원
55세까지 (추가 5년 이상)	원금보장형 상품 위주	연금저축보험 600만 원 → IRP 300만 원 → ISA(신탁형, 일임형) 2,000만 원 → 연금저축보험 900만 원 → 일반계좌

해야 할 시기에 수익률이 크게 나빠졌다면? 큰 손실을 본 상태로 수익을 실현해야 하고 생활까지 위험해질 수도 있다.

예를 들어, 2년 후 전세금 증액을 위해 준비한 2억 원인데 주식에 투자했다가 반토막이 나면? 전세금을 충당할 돈이 부족해 악조건으로 대출을 받아야 할 수도 있다. 그러니 큰 수익은 아니더라도 3%대의 안정적인 수익을 확보하고, 자신이 원하는 시기에 확실히 자금을 사용할 수 있게 예금이나 CMA 등의 원금보장 상품에 투자하는 것이 좋다.

CASE ② 3년 이상 투자할 자금이 있는데, 국내 주식에만 직접 투자 하고 싶다면?

연 20%를 초과하는 수익률을 올릴 자신이 있다면, 중개형 ISA에 2,000만 원을 우선 투자하자. 국내 주식에 직접 투자할 수 있는 상품은 중개형 ISA뿐이기 때문이다. 3년 이상 투자 가능한 자금이라는 단서를 단 이유는 ISA의 의무가입기간이 3년이기 때문이다.

CASE ③ 3년 이상 다양한 곳에 투자하고 싶은데 55세까지는 유지하지 못할 것 같다면?

신탁형이나 일임형 ISA에 2,000만 원을 투자한다. 신탁형, 일임형 ISA는 펀드나 ETF뿐 아니라 예금 적금과 같은 원금보장형 상품까지 투자할 수 있기 때문이다. 연금저축펀드나 보험, IRP를 포함하지 않은 이유는, 55세까지 유지하지 못하고 해지하면 받은 혜택을 모두 반환해야하기 때문이다.

CASE ④ 55세까지 펀드나 ETF 위주로 직접 투자하고 싶다면?

연금저축펀드 600만 원, IRP 300만 원, ISA 2,000만 원, 연금저축펀드 1,200만 원, 일반계좌 순서로 투자하자. 연금저축펀드와 IRP에 넣은 900만 원은 13.2%~16.5%의 세액공제를 받을 수 있다. 기본적으로 13.2~16.5%의 수익률이 보장된 것과 마찬가지다. 900만 원만 투자해도 자신의 연봉에 따라 최소 118.8만 원에서 최대 148.5만 원의 기본 수익을 내는 셈이다. 전 세계 어느 상품에 투자하더라도 이 정도의 기본 수익률을 보장해주는 상품은 없다. 물론 연금저축펀드와 IRP를 통해 투자한 펀드, ETF에서 얻게 되는 수익률은 덤이다.

55세까지 사용하지 않을 자금이라는 단서를 단 것은? 그 전에 해지하면 세액공제를 받은 금액을 모두 반환해야 하기 때문이다. 즉, 연금저축펀드나 IRP를 통해 얻게 되는 세액공제라는 가장 큰 혜택이 사라지게 된다.

IRP보다 연금저축펀드에 먼저 돈을 넣는 이유는 다음과 같다. 우선 연금저축펀드는 55세 이전이라도 해지하지 않고, 원금 및 수익금을 찾을 수 있다. 담보대출도 가능하다. 하지만 IRP는 일부 인출이 불가하며 담보대출도 불가능하다. 중도해지도 조건을 충족하는 경우에 한해서만 가능하다. 중간에 예기치 못하게 큰 자금이 필요한 상황이 생기는 경우를 고려하면 연금저축펀드가 유리하다.

IRP는 30%를 안전자산으로 채워야 한다는 제한과 수수료(0.2%~0.5%)가 있다. 즉 IRP에 300만 원을 넣으면 90만 원은 예금과 같은 상품에 투자해야 하고, 수수료로 6,000원에서 1만 5,000원이 차감 되는 것이다. 연금저축펀드에는 이러한 제한이나 수수료가 없다. 물론 연금저축펀드나 IRP를 통해 펀드나 ETF를 매수할 때는 펀드와 ETF에서 수수료가 발생한다

그다음으로 ISA에 투자하는 것은 수익의 200만 원까지 비과세 혜택을 받고 초과 수익에 대해 9.9%의 분리과세 혜택이 주어지기 때문이다. 수익 200만 원에 15.4%의 기본 세율만 부과되어도 30만 원이 넘는다. 금융소득 종합과세 대상자라면, ISA에서 얻는 수익의 비과세, 분리과세 효과는 더욱 커진다. 그만큼 세금을 절약할 수 있다.

이어서 세액공제 혜택 한도가 넘었음에도 연금저축펀드에 추가로 900만 원을 넣는 이유는? 바로 과세이연 효과 때문이다. 내야 하는 세금을 나

중에 낼 수 있는 만큼, 그 돈을 투자에 활용하여 수익률을 높일 수 있다.

CASE ⑤ 55세까지 투자할 자금이 있는데, 오직 국내 주식에 직접 투자하고 싶다면?

연 20%를 초과하는 수익률을 올릴 자신이 있다면, 중개형 ISA에 2,000만 원을 우선 투자한다. 국내 주식에 직접 투자할 수 있는 상품은 중개형 ISA뿐이기 때문이다. '연 20%를 초과하는 수익률을 올릴 자신이 있다면'이라는 단서를 단 이유는? 연금저축펀드와 IRP는 세액공제 혜택으로만 기본 13.2%~16.5%에 가까운 수익을 올릴 수 있다. 원금보장형 상품에만 투자해도 16~20%에 가까운 수익률이 나온다. 펀드나 ETF에 투자해서 7%의 수익률만 올려도 20%의 수익률을 훌쩍 넘길 수 있다.

그러니 20%의 수익률을 올릴 자신이 없다면, 먼저 연금저축펀드에 600만 원, IRP에 300만 원을 넣어 세액공제 혜택부터 받자. 연금저축펀드와 IRP에서 자신이 직접 투자하려는 국내 주식의 비중이 최대한 높은 ETF나 펀드를 선택하면 된다. 그다음에 중개형 ISA에 2,000만 원을 넣고 국내 주식에 투자하자.

CASE ⑥ 만약 55세까지 사용하지 않을 자금으로, 원금보장형 상품에만 투자하고 싶다면? (펀드나, ETF같이 원금 손실 가능성이 있는 상품은 싫다면?)

연금저축보험 600만 원, IRP 300만 원, ISA (신탁형이나 일임형) 2,000만 원, 연금저축보험 900만 원, 일반계좌 순서로 투자한다. 이유는 다음과 같다.

연금저축보험은 원금보장 상품이다. 보험사의 공시이율에 따라 수익률이 결정되는데, 예금이율과 비슷하다. (연금저축펀드는 원금보장형 상품에 투자할 수 없다) IRP는 예금, RP, 저축보험 등 원금보장형 상품에 100% 투자할 수 있다. 연금저축보험과 IRP를 통해 원금보장형 상품에 투자하면, 900만 원까지는 16%~20%에 가까운 확정 수익이 가능하다. 세액공제로 13.2%~16.5%의 수익이 확보되고, 원금보장형 상품에서 3% 정도의 확정 수익을 낼 수 있기 때문이다.

ISA도 신탁형이나 일임형은 예금, 적금 등의 원금보장형 상품에 투자할 수 있다. 그런데 수익 통산도 가능하고, 비과세와 분리과세 혜택이 적용된다. 일반 계좌에서 투자하는 것보다 훨씬 유리하다. 예를 들어, 일반 계좌에서 2,000만 원을 이율 3% 예금에 투자했다면? 이자로 150만 원을 받고, 세금 23만 원이 원천징수(15.4%) 된다. 하지만 ISA에서 2,000만 원을 이율 3%의 예금에 투자한다면? 수익 200만 원까지는 비과세이기 때문에, 150만 원의 이자에 세금이 전혀 발생하지 않는다. 그리고 연금저축보험에 납입한도까지 채우는 이유는, 앞선 CASE1과 같은 이유다

5장

꼭 알아야 할
주식투자 마인드와 꿀팁

5-1

주식투자의
기본 마인드

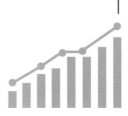

언제부터 전업투자를 할 수 있을까요?

아침에 여유 있게 일어나 커피를 마시며 신문을 펼치고, 지난밤 미국 증시의 동향과 오늘 한국 증시에서 어떤 것들이 화제가 될지 확인한다. 주식시장이 열리면 주가 흐름에 맞추어 수익을 올리고, 시장이 끝나면 운동이나 개인 취미 생활을 즐긴다. 저녁은 가족들과 시간을 보내고, 주말에는 캠핑이나 여행을 다닌다. 여행지에서도 틈틈이 투자해 여행 경비 이상의 수익을 벌어들인다.

이는 누구나 한 번쯤 꿈꾸어 본 전업투자자의 모습일 것이다. 그런데 시드머니가 얼마나 있어야 저런 생활을 할 수 있을까? 누군가는 1억~2억 원만 있으면 연간 100% 이상의 수익률을 기록하며 전업투자자로 생활할 수 있다고 생각한다. 또 다른 누군가는 5억 원 정도 자본이 있으면 연 20%씩, 1억 원으로 생활비를 해결할 수 있다고 생각할 것이다.

그런데 이런 희망에는 두 가지 문제가 있다.

① 연 20%의 수익도 꾸준히 올리기가 어렵다

워런 버핏이 연평균 20%의 수익률을 꾸준히 유지해서 세계에서 손꼽히는 투자자이자 부자가 되었다. 연평균 10% 이상을 꾸준히 유지하면 굉장히 실력 있는 펀드 매니저로 평가받는다. 전문적인 지식과 경험을 바탕으로 온종일 투자에 집중하는 전문가들도 그러한데, 일반 투자자는 절대 쉽지 않다.

2013년부터 2022년까지 각국 증시의 연평균 상승률 조사 결과를 보면 미국이 12.6%, 대만 10.3%, 인도 7.6%, 일본 5.9%, 중국 5.5%, 유럽 5.2%, 한국은 1.9%에 불과하다. 어떤 국가의 지수추종 ETF에 투자해도 연평균 20% 이상의 수익을 올리는 것은 매우 힘들다.

그러면 10억 원을 모아서 미국이나 대만에 투자하면 '연평균 10%의 수익률에 힘입어 1억 원 정도의 안정적인 수익과 함께 충분히 전업투자자 생활을 할 수 있지 않을까?'라는 생각이 들 수 있다. 전 세계적으로 저성장에 접어든 지금, 연평균 10% 상승률을 계속 유지할 수 있을지는 알 수 없다. 미국의 최근 10년간 연평균 증시 상승률이 10%이지만, 가끔 30%~40% 하락하는 때도 있다. 그럴 때는 어떻게 버틸 것인가?

또 우리나라에서는 해외주식 수익 중 250만 원을 공제한 뒤 22%의 세금이 부과된다. 1억 원의 시세차익을 얻었다면 2,145만 원의 세금이 발생하고, 결국 내가 실제로 사용할 수 있는 금액은 7,855만 원에 불과하다. 여기에 지역가입자 건보료까지 부담해야 한다. 생활비로 수익을 전부 사용하면 원금과 미래 수익도 증가하지 않는다. 하지만 물가는 계속 상승한다. 지금은 연 7,855만 원으로 여유롭게 생활할 수 있지만, 시간이 지날수록 여유가 점점 줄어들 것이다.

② 자기 관리가 어렵다

직장생활로 스트레스를 받다 보면 자유로운 생활에 대한 환상이 생긴다. 직장을 다니지 않을 자유가 생기면 하루를 정말 알차게 보낼 수 있을 것 같은 자신감이 생긴다. 아침 일찍 일어나서 오후까지 주식을 분석하고, 저녁에는 운동과 건강한 식단으로 건강을 관리하고, 주말에는 지인들과 만나거나 여행도 다니며 인생을 마음껏 즐길 것으로 생각한다.

하지만 막상 자유가 주어지면 생각한 것처럼 실천하지 못하는 경우가 대부분이다. 유튜브나 넷플릭스 등을 보느라 시간을 허비하다 늦잠을 잘지도 모른다. 밖에 나가기 귀찮아서 씻지도 않고 운동도 하지 않는다. 투자한 주식의 주가가 오르면 과도한 도파민 분비와 함께 수시로 주가를 들여다본다. 주가가 하락하면 스트레스와 걱정 때문에 또 수시로 주가를 확인할 것이다. 주식을 분석하다가 조금 어려운 부분이 나오면 덮어버리고 다시 유튜브나 숏츠를 본다. 그런 식으로 의미 없는 하루가 금방 지나가게 된다.

하지만 다음 상황에 해당한다면 전업투자를 고려해봐도 좋다.

① 배당수익의 절반만으로 생활비 충당이 가능한 경우

이런 경우 특별한 일이 생기지 않으면 배당수익의 절반을 재투자할 수 있다. 따로 일하지 않아도 시드머니와 배당 현금흐름이 계속 커지게 된다. 만약 투자 중인 배당성장주에서 50% 정도 배당컷이 생겨도 생활비 충당에는 문제가 없어, 안정적으로 오래 투자할 수 있다.

예를 들어 20억 원의 시드머니로 매년 7%의 배당금을 받고, 1년 동안 생활비로 5,000만 원을 사용한다면, 이 경우 1년간 배당금 수익은 1억 4,000만 원이다. 배당소득세와 건보료를 제외하면 1억 원 정도가 남는다. 생활비로 5,000만 원을 사용해도 그만큼이 남아 재투자가 가능하다. 이렇게 되면 시드머니와 배당금이 계속해서 커지는 구조가 만들어지게 된다. 간혹 주가 하락기를 만나더라도 배당수익으로 생활하기 때문에 큰 문제가 되지 않는다.

② 자기 관리가 철저한 경우

누가 간섭하지 않더라도, 스스로 시간과 건강, 업무 일정을 철저히 할 수 있어야 한다.

③ 주식 분석과 포트폴리오 운영 자체가 즐거운 경우

주식을 분석하고 포트폴리오를 운영하는 것 자체로 즐거운 사람이 있다. 이런 사람들에게 투자는 단순히 돈을 벌기 위해서 억지로 하는 것이 아니다. 자신의 즐거움과 성취감을 위해서이다. 이런 투자자는 단기적인 주가 등락에 휘둘리지 않고, 오히려 그런 등락을 현명하게 이용하며 중장기적으로 유리한 포지션을 만들 수 있다.

나만 주식으로 돈을 못 버는 것 같아요

주식투자를 하다 보면 다른 사람들의 성공담에 마음이 조급해질 때가 많다. 누구는 테마주에 투자해서 몇십 배의 수익을 내고 파이어족이 되었다는 소문이 들리고, 1년 만에 수십%, 수백% 수익을 냈다는 소식도 들린다. 매일매일 주식시장에는 상한가를 기록하는 주식도, 10% 이상 상승한 주식도 수십 개나 보인다. 그런데 내가 산 주식은 굼뜨게 오르거나 오히려 하락하며 깊은 짜증을 안겨주곤 한다.

그런데 잘 생각해야 할 점은, 주식으로 큰돈을 번 투자자들은 전체 투자자 대비 아주 소수라는 것이다. 이제 국내 주식투자자는 무려 1,400만 명에 이른다. 주식으로 퇴사할 정도의 큰돈을 벌었다는 소식은 1년에 한

특정일의 상승 순위

Top종목

| 상한가 | 하한가 | 상승 | 보합 | 하락 | 거래량상위 | 고가대비급락 | 시가총액상위 |

순위	연속	누적	종목명	현재가	전일비	등락률	거래량
1	1	1	SG글로벌	3,060	↑ 705	+29.94%	6,691,360
2	1	1	PN풍년	7,380	↑ 1,700	+29.93%	4,370,623
3	2	2	썸에이지	395	↑ 91	+29.93%	1,693,689
4	1	6	압타머사이언스	2,325	↑ 533	+29.74%	1,546,842
5	1	2	비트나인	2,250	↑ 517	+29.83%	7,461,270
6	1	3	에스와이스틸텍	8,190	↑ 1,890	+30.00%	21,374,612
7	1	1	SBI핀테크솔루션즈	4,780	↑ 1,100	+29.89%	140,070

출처: 네이버페이 증권

Top종목

상한가	하한가	상승	보합	하락	거래량상위	고가대비급락	시가총액상위

순위	종목명	현재가	전일비	등락률	거래량
1	동신건설	17,950	▼ 5,650	-23.94%	1,756,603
2	대한광통신	773	▼ 222	-22.31%	5,342,854
3	뉴트리	6,480	▼ 1,800	-21.74%	454,839
4	에이텍	13,090	▼ 3,460	-20.91%	1,438,509
5	쓰리빌리언	3,290	▼ 810	-19.76%	8,824,750
6	유일에너테크	1,579	▼ 382	-19.48%	1,469,289
7	토탈소프트	4,405	▼ 1,035	-19.03%	310,297
8	한국화장품제조	57,300	▼ 10,400	-15.36%	566,633
9	에코프로머티	89,700	▼ 15,900	-15.06%	1,923,408
10	KB 레버리지 KRX 2차전지 K-뉴딜 ETN	1,428	▼ 251	-14.95%	67,206

출처: 네이버페이 증권

두 번 들을까 말까다. 물론 그 사실을 숨기는 사람이 있다는 것을 감안해도, 한 해에 10명이 채 되지 않을 것이다. 확률로 따지면 140만분의 1, 로또 2등 확률과 비슷하다.

하루에 10% 이상 상승하는 주식도 그렇다. 평균적으로 하루에 10% 이상 상승하는 주식은 50종목 정도라고 가정해보자. 많은 것 같아도 코스피와 코스닥에 상장된 종목은 전부 2,600종목이다. 비율로 따지면 전체 주식 대비 2%도 채 되지 않는 매우 적은 수인 것이다.

반대로 주가가 크게 하락하는 종목들도 상승한 종목들에 못잖게 많이 생긴다. 또 오랫동안 우상향하는 주식은 찾아보기 힘들고, 상승한 주식 대부분은 오랫동안 정체되어 있다가 단기간에 급상승한다. 즉 주가가 크게 상승할 수 있는 주식에 투자했어도 오랜 횡보를 참아야 주가 상승하는 시기를 만날 수 있다.

그러니 좋은 배당성장주에 투자했다는 확신이 있다면? 다른 사람의 높은 수익률 이야기나 급등주를 보며 조급해하지 말자. 큰 수익을 내기 위해서는 인내하고 기다리는 시간이 필요하다. 물론 좋은 주식을 골랐다는 전제하에서 말이다.

사회초년생, 첫 시드머니 5,000만 원이 중요한 이유

'투자로 성공하려면 먼저 1억 원의 시드머니를 모으는 것이 중요하다.'라는 이야기를 듣는다. 나도 이 이야기를 듣고 사회초년생 때 열심히 회사생활을 하고 자린고비 생활을 했던 기억이 난다. 하지만 꼭 1억 원이 아니라 그 절반, 5,000만 원만 스스로 모아도 성공할 기본 자질을 갖추었다고 생각한다.

서울 아파트 평균 가격이 10억 원이 넘어가고, 몇 년 만에 1억 원이 올랐네, 2억이 올랐네! 하는 요즘 상황에서 5,000만 원은 별 것 아닌 것처럼 느껴진다. 그런데 온전히 자신의 힘으로 이 돈을 모으기는 결코 쉽지 않다. 대한민국 직장인의 평균 연봉이 3,600만 원이다. 세금이나 보험을 제외하면 실수령액은 3,000만 원, 매월 250만 원 정도다. 한 달 생활비를 125만 원내로 제한해야 연간 1,500만 원 이상을 모을 수 있고, 이렇게 3년 4개월을 모아야 5,000만 원이다. 1억 원을 모으려면 6년 8개월이 걸린다.

원룸에 산다면 월세로만 한 달에 50만 원 이상, 관리비나 공과금, 통신비 등 생활에 기본적인 비용을 더하면 70만 원의 고정비용이 소비된다. 그런데 식당에서 한 끼를 먹어도 1만 원이 기본이고, 영화표는 1만 5,000원인 세상이다. 이런 상황에서 남은 55만 원을 효율적으로 사용해야 생활비를 125만 원 이내로 줄일 수 있다.

전역하고 처음 취업했을 때, 주거비를 아끼려고 사촌 누나 집에서 신세를 졌다. 지금 생각하면 참 염치없는 짓이었다. 처음 취업한 회사는 7시 이전에 출근하면 김밥 한 줄과 200㎖ 우유 한 팩을 주었다. 식비를 아끼기 위해 매일 아침 그 김밥과 우유를 먹었다. 야근할 때 받는 식대가 있어, 언제나 저녁은 야근하며 해결했다. 책도 구매하지 않고 도서관에서 빌려 봤다. 버스비를 아끼려고 회사까지 자전거를 타고 다녔다. 시드머니를 모으기 위한 과정이었다.

그렇게 5,000만 원을 모으는 3년 동안 자연스럽게 절약하고 인내하는 습관이 만들어졌다. 효율적으로 꼭 필요한 것만 소비하게 되고, 그렇지 않다면 참게 된 것이다. 그리고 돈이 얼마나 소중하고 모으기 어려운 것인지를 깨달을 수 있었다. 모두 주식에 투자할 때 꼭 필요한 요소들이다.

하지만 이렇게 시드머니를 모으고 나면 배당성장주의 효과를 본격적으로 느낄 수 있다. 그 돈을 배당수익률 5%인 주식에 투자하면 연간 배당금이 세전 250만 원, 세후 210만 원 정도가 된다. 연봉 3,000만 원인 직장인의 한 달 월급과 비슷한 금액을 배당으로 받는 것이다. 이렇게 한 번 배당을 받고 나면, '여기서 딱 10배만 불리면 어지간한 회사원 연봉을 받는 것과 비슷하네? 은퇴하거나 좋아하는 일을 과감히 할 수 있겠어?'라는 깨달음과 자신감도 얻을 수 있다.

그리고 특히 사회초년생 시절에 시드머니를 모으는 것이 중요하다. 시간이 지날수록 우리의 씀씀이는 커지기 때문이다. 연인과의 데이트 비용부터 결혼, 주택 마련을 위해 목돈이 나간다. 자녀를 갖게 되면 양육비와 교육비 때문에 투자에 들어간 돈을 빼내야 할 수도 있다. 그러니 바로 지금, 투자로 성공하고 싶다면 시드머니 5,000만 원 만들기부터 먼저 도전해보자!

투자에 대출을 이용해도 될까요? (레버리지 활용)

가끔 '투자에 대출을 이용해도 될까요?'라는 질문을 받는다. 물론 투자하다 보면 대출 등 레버리지를 이용해 수익률을 높이고 싶은 유혹을 받는다. 내 돈 100만 원으로는 100%의 수익률을 거둬도 수익이 100만 원뿐이다. 하지만 대출이나 레버리지로 100만 원을 추가로 융통하면 똑같은 수익률을 거둬도 200만 원을 얻을 수 있다. 더 많은 위험을 감내할수록 수익도 끝없이 늘어난다.

이렇게 레버리지는 같은 기간에 같은 금액으로 투자를 해도, 내 수익금을 크게 늘려준다는 장점이 있다. 많은 투자자가 암호화폐에 몰린 이유 중 하나가 레버리지 때문이다. 암호화폐 선물 거래는 100배 레버리지 상품까지 있다. 똑같이 100만 원을 투자하고 추종상품의 변동이 같아도 100만 원 대신 1억 원을 버는 것이다. 레버리지는 이처럼 매력적이지만, 그만큼 치명적이기도 하다. 암호화폐 투자자들 대부분이 돈을 잃은 이유도 결국 레버리지 때문이다. 100만 원으로 100배 레버리지를 활용할 때,

자산이 1%만 하락해도 내 원금이 사라진다. 투자한 모든 금액을 날리는 것이다. 주의해야 하는 대출을 정리하면 다음과 같다.

① 자산 가격과 연동되어 담보금이 증감하는 레버리지와 대출

주식신용거래나 주식담보대출의 경우, 주가의 변동에 따라 담보금이 변한다. 내 자금 1억 원에 주식담보대출로 1억 원을 빌려 2억 원어치 주식을 샀다고 가정하자. 국내 주식은 담보비율이 보통 140%이기 때문에, 그 주식의 평가액이 1억 4,000만 원 이상을 유지해야 한다. 그런데 주가가 50% 하락해 평가액이 1억 원이 된다면 주식 담보비율을 140%로 유지하기 위해 4,000만 원을 증권사에 추가 입금해야 한다. 그렇지 않으면 증권사는 내 의사와 무관하게 주식을 하한가로 매도한다. 언론에서 가끔 듣는 '반대매매'인 것이다. 즉, 이런 상품들은 자산의 회복력과 무관하게 일시적인 주가 급락에도 위험한 상황을 만든다.

갈수록 주식시장의 변동성이 심해지고 있다. 다양한 파생상품과 알고리즘 거래가 증가하고 있기 때문이다. 큰손들은 주식시장의 변동성이 심할수록 먹을 것이 많아진다. 국내뿐만 아니라, 미국의 주식도 하루에 5% 이상 폭락할 때가 있다. 웬만한 중·소형주들이 하루에 10%, 20%씩 하락하는 것은 이제 흔한 일이 되어버렸다. 단 며칠 만에 일시적으로 반 토막나는 상황은 언제든 발생할 수 있다. 그렇게 되면 주가와 연동되는 대출이나 레버리지를 사용한 투자자들은 치명타를 입게 된다.

② 자신의 소득으로 감당이 어려운 과도한 대출

만약 나의 월 소득이 300만 원인데, 매달 원리금(원금 + 이자)으로 250

만 원을 갚아야 할 정도로 대출받는다면 일상적인 생활 유지가 어려워진다. 자칫 금리라도 오르면 내 돈만으론 원리금도 갚지 못하는 상황이 발생하게 된다. 이런 위험을 안고서는 투자를 안정적으로 유지할 수 없다. 엎친 데 덮친 격으로 주가라도 크게 하락한다면 더 큰 손해를 볼 수도 있다.

가장 이상적인 대출은 자산과 연동되지 않으면서, 배당성장주에서 나오는 배당수익만으로 유지할 수 있는 대출이다. 이자율 5.5%의 직장인 신용대출을 받았다고 가정하자. 이 돈으로 배당수익률이 7%인 배당성장주에 투자한다면 배당수익으로 이자를 충당하며, 여윳돈까지 기대할 수 있다. 그리고 직장에 다니는 한 대출을 계속 연장할 수도 있다.

비슷한 구조로 3.5% 이자율의 전세대출을 배당수익률 5%인 배당성장주에 투자할 수도 있다. 대출 기간에는 내가 투자한 주식의 주가가 폭락해도 대출금을 바로 상환해야 할 필요가 없다. 전세계약이 유지되는 한, 주가 등락과 상관없이 안정적으로 대출을 유지할 수 있다. 나 또한 오랫동안 전세대출을 활용해 투자를 해왔고, 그 덕분에 자산과 배당금의 증식 속도가 더 빨라졌다.

주식투자를 할 때, 대출과 레버리지는 양날의 검이다. 잘 사용하면 나의 시드머니와 배당금을 더 빠르게 늘려주지만, 잘못 사용하면 큰 투자 손실이 발생할 수 있다는 사실을 유념하자.

자녀 교육비 때문에 투자할 돈이 없어요

회사에서 받는 급여가 적지 않은데도 투자할 돈이 없다는 얘기를 자주 듣는다. 그렇다고 과소비를 하는 것도 아니다. 얘기를 자세히 들어보면 아이들의 교육비가 원인이다. 좋은 대학에 들어갈 수 있도록 사교육에 많은 돈을 쏟아붓고 있기 때문이다. 요즘은 유치원 때부터 의대 진학을 위한 학원이 있다는 뉴스도 나온다.

통계청에서 발표한 '2020년 초중고 사교육비 조사'에서는 학생 1인당 월평균 사교육비로 초등학교 31만 8,000원, 중학교는 49만 2,000원, 고등학교는 64만 원이었다. 물론 이것은 평균치이고, 한 달에 200만 원에서 300만 원 넘게 지출하는 가정도 적지 않다. 심하면 사교육비 때문에 대출받거나, 아르바이트로 돈을 벌기도 한다.

단순히 막연한 불안감 때문에 아이에게 사교육을 시키는 것은 투자로 치면 '묻지마 투자'라고 볼 수 있다. 묻지도 따지지도 않고, 그냥 사교육을 시키면 아이가 공부를 잘하게 될 것 같아서, 그러면 좋은 대학, 좋은 직장에 들어가서 행복한 인생을 보낼 것 같아서 사교육을 시키는 것이다.

경제적으로 부담이 되는 사교육비 지출은 무엇보다 부모님의 노후에도 악영향을 미친다. 대학교에 가기 전부터 교육비만 매달 수백만 원씩, 대학생이 되어서도 등록금과 생활비를, 결혼할 때는 수천만 원의 결혼식 비용과 억대의 주택 마련 비용을 지원해주어야 한다. 그러다 정작 자신들의 노후 준비를 놓치는 것이다.

존리 (전)메리츠자산운용 대표 역시 이런 점을 꼬집었다. "과거에는 자녀가 나의 노후를 지켜주는 자산이었지만, 더는 그렇지 않다. 자녀는 오히려 부채다. 사교육비에 쓰는 대신 투자를 해서 노후를 대비하는 것이 훨씬 낫다."라고 이야기했다. 실제로 그는 어떤 고3 학생의 편지를 받았는데, 자신에게 쓰는 교육비 60만 원이 아까워 '내가 투자를 하게 해달

라. 대신 공부는 열심히 하겠다'라고 말했다는 것이다. 그리고 그 돈을 운용해 1억 4,000만 원을 만들었다는 내용이다.

 '국민연금공단 국민연금연구원'의 조사 결과, 우리나라 50대 이상이 생각하는 노후의 적정 생활비는 부부 기준 월평균 268만 원이다. 개인 기준으로는 164만 5,000원이다. 그런데 2020년 12월 기준, 국민연금 가입 기간이 20년 이상인 수급자의 월평균 연금액은 92만 원에 불과하다. 개인 기준으로도 70만 원이 모자란 셈이다. 이 부족분은 개인이 스스로 준비해야 한다.

그런데 한국의 노인빈곤율은 43.2%로 OECD 중에서 압도적인 1위다. 65세 이상 은퇴자 100명 중 43명은 소득이 전체 평균의 50%도 되지 않는 상대적 빈곤계층이라는 것이다.

아이 교육비의 절반만이라도 투자에 사용하는 것은 어떨까? 월 100만 원 정도만 부모님의 노후를 위해 투자하고, 20만 원 정도는 아이에게 증여해서 좋은 기업의 주식에 투자하게 하는 것이다. 매월 100만 원씩 5%의 배당수익률과 10%의 연평균 성장률을 가진 주식에 20년 동안 꾸준히 투자하면, 주가 변동이 없다고 가정해도 시드머니는 15억 원이나 된다.

위에서 나왔던 고3 학생의 이야기처럼 월 20만 원 정도, 연간 200만 원씩 20년간 연수익 10%의 복리로 투자하면 아이가 성인이 되었을 때 1억 원이 넘는 종잣돈을 줄 수 있다. 부모는 노후 생활을 안정적으로 보낼 자금을 마련하고, 아이의 인생을 개척할 지원 자금까지 모인 것이다.

시세차익을 노린 투자! 이때는 해볼 만하다

지금까지 시세차익을 노린 투자는 위험하다고 누누이 얘기해왔다. 시세차익을 노린 투자의 문제점은 내가 산 가격보다 더 비싼 가격에 주식을 매수해 줄 사람이 있을지 아니면 내가 산 가격보다 최소 몇% 이하에서는 사 줄 사람이 있을지 확신할 수 없다는 것이다. 바로 다음 섹션에 나오는 LG생활건강이나 엔씨소프트처럼 우량주이고 계속 주가가 오르니 앞으로도 계속 주가가 오를 것 같아서 매수했는데, 오히려 80% 가까이 떨어지는 상황이 발생하는 것처럼 말이다.

하지만 시세차익을 노린 투자를 시도해도 좋을 때가 있다. 바로 경영권 분쟁으로 인한 공개매수가 공시된 상황이다. 국내 주식시장에는 종종 경영권 분쟁이 발생한다. '한진칼'처럼 승계 과정 속 가족들의 분쟁 때문이거나 '한국타이어'처럼 사모펀드의 개입으로 발생하기도 한다. 내가 2024년 9월부터 10월까지 투자했던 '영풍정밀'은 오랫동안 동업해 온 두 사주의 갈등 속에 사모펀드인 'MBK'가 개입하며 경영권 분쟁이 시작된 사례다.

공개매수란 특정 주식의 매수를 원하는 주체가 매입 기간, 매입 규모, 매입 가격을 공표하고 이에 응한 주주들의 주식을 매수하는 것이다. 예를 들어 지난 9월 13일, MBK는 9월 26일까지 영풍정밀 주식을 주당 2만 원에 684만 주까지 공개매수하겠다고 밝혔다. 이 분량이면 경영권 분쟁 당사자들의 보유분을 제외한 나머지 주주들의 주식 대부분을 매수하겠다는 의미였다.

이렇게 공개매수 공시가 나오면, 불확실한 시장 속에서 주식을 정해진 가격에 사겠다는 주체가 생긴 셈이다. 그 때문에 9월 12일까지 9,000원 정도였던 영풍정밀은 2일 연속 상한가(30% 상승)를 기록하며, 1만 5,830원까지 상승한다. 이 가격을 내더라도 MBK의 공개매수에 청약해 2만 원에 모두 팔 수 있기 때문이다.

그런데 3일째 되던 날에도 상한가를 기록하며 2만 550원까지 상승한다. 4일째 되던 날에는 2만 1,400원까지 상승하며 공개매수가를 넘어선다. 나는 2만 800원 정도의 주가에서 매입을 시작했다. '아니, 공개매수로 2만 원에 팔 수 있으니, 그 가격보다 싸게 사는 것은 이해한다. 그런데 더 비싸게 사면 손해를 볼 수 있지 않나?'라고 생각하는 투자자들도 있을 것이다.

영풍정밀을 좀 더 자세히 살펴보면 연간 300억 원 가까운 순이익과 탄탄한 재무상태, 안정적인 배당성향을 가진 기업이었다. 특히 '고려아연'의 지분 1.85%를 가지고 있어, 고려아연 경영권 분쟁의 캐스팅보트가 될 수 있는 주식이었다. 경영권 분쟁 당사자들은 분쟁의 승리를 위해 영풍정밀의 경영권을 반드시 확보해야 하는 상황이었다. 특히 상대측인 MBK는 공개매수 가격을 더 올리거나 현재보다 더 높은 가격을 주고서라도 장내매수해야 했다. 지금보다 더 높은 가격에도 영풍정밀 주식을 팔 수 있는 근거가 확실했다.

영풍정밀 주식을 2만 800원에 샀을 때 기대할 수 있는 최대 손실률은 800원, 4% 정도이다. 그리고 분쟁 당사자들이 꼭 확보해야 하는 주식이기에 가격이 얼마까지 상승할지 모르는 상황이었다. 즉, 100만 원을 투자했을 때 최대손실액은 4만 원 정도였지만, 기대 이익은 수십만 원에서 100만 원 이상도 기대할 수 있었다.

MBK가 공개매수가를 2만 5,000원으로 조정하자(9월 26일), 고려아연 최윤범 회장측 (이하 최씨 측) 3만 원으로 가격을 올려 대응했고 MBK가 다시 3만 원으로 공개매수가를 올리자 최씨 측이 3만 5,000원으로 연달아 조정했다. 이후 MBK가 공개매수가 추가 인상을 포기했고, 내가 가진 모든 지분을 최 씨 측에 청약하며 투자를 마무리했다. 평균 매수 단가는 2만 3,200원, 평균 매도단가는 3만 5,000원으로 약 한 달 동안 50%의 수익률을 기록했다. 현대차 우선주 투자로 커진 시드머니를 모두 영풍정밀에 투자했기에 8억 원 넘는 수익금을 거둘 수 있었다.

참고로 공개매수의 경우, 장외거래로 분류되어 수익의 22%를 양도소득세로 내야 한다. 이 때문에 주가가 오른 상태에서 장내에서 주식을 매도하고 다시 매수한다. 미리 차익 실현을 하면서 매수 평단가를 올리는 것이다. 그러면 추후 공개매수 시에 차익을 줄여 양도소득세를 줄일 수 있다.

이렇게 공개매수로 주가의 하방이 확실한 경우, 그러면서 경영권 분쟁으로 주가의 상방은 크게 열려 있는 경우라면 시세차익을 노리고 투자해 볼 만하다.

5-2

매매 타이밍
Q&A

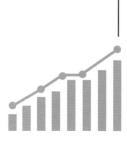

급락한 우량주, 매수해야 할까요?

어느 날, 지인이 잘 알려진 우량주가 최근 20%에서 30%까지 하락했다는 기사를 봤다고 이야기를 꺼냈다. 이 정도면 저점이나 무릎 정도일 테고, 우량주는 분명 회복할 테니 투자해도 좋지 않겠느냐는 질문이었다. 어떻게 대답해주었을까?

대표적인 우량주로 꼽히던 'LG생활건강'은 2014년에 50만 원 정도였다. 실적과 주가가 함께 성장하며 2017년에는 100만 원을 돌파하고, 2020년에는 마침내 170만 원 후반까지 상승했다. 이런 상승이 영원할 것 같았다. 그런데 최고점을 달성하고 불과 3개월 만에 130만 원까지 급락한다. 최고점 대비 30% 정도가 하락한 것이다.

친구의 생각대로 우량주가 단기간에 30%나 하락했으니 바닥까지 떨

LG생활건강의 주가 변동

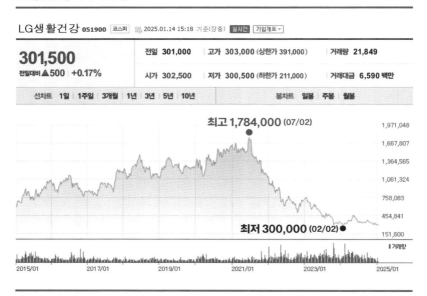

출처: 네이버페이 증권

어진 것일까. 아쉽지만 그렇지 않다. LG생활건강의 주가는 이후 3개월 동안 100만 원까지 내려 앉으며 고점 대비 40% 이상 하락하게 된다.

이 정도의 하락이라면 끝이라고 생각할 분들이 많겠지만, 6개월이 지날 때마다 75만 원, 45만 원, 결국 30만 원까지 밀려나며 최고점의 20%에 불과한 초라한 성적표를 받아들게 된다. 기업 매출의 핵심이었던 중국에서 실적이 계속 감소했기 때문이다.

'LG생활건강이 좀 특이한 사례 아니에요?'라고 생각하는 독자들이 있을지 모르겠다. 이번에는 게임 '리니지'로 유명한 우량주 '엔씨소프트'의 예를 들어보겠다. 엔씨소프트도 리니지 시리즈들이 크게 유행하며 실적

엔씨소프트의 주가 변동

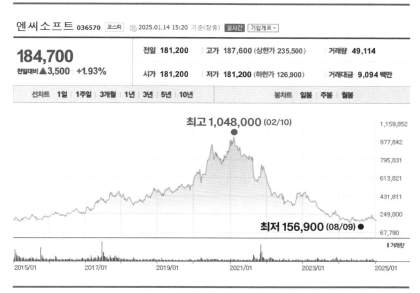

출처: 네이버페이 증권

이 빠르게 성장했고, 덕분에 주가도 꾸준히 상승해왔다. 2014년 12만 원 정도였던 주가는 2021년 초반 100만 원을 돌파한다.

그런데 같은 해 중순, 80만 원이 되더니 해가 지나기도 전에 60만 원으로 끝없이 추락했다. 최고가 대비 40%나 하락한 것이다. 이때 샀다면 연말에 70만 원으로 회복한 것을 보며 '그럼 그렇지, 우량주는 결국 주가를 회복하는구나!'라는 생각이 잠시 들었을 것이다. 하지만 단순한 '데드캣 바운스'에 불과했다. 2022년 후반에 40만 원, 2023년 말, 20만 원 초반, 급기야 2024년에는 15만 원대까지 하락한다. 최고가 대비 85%나 하락한 것이다.

여기서 우리는 무엇을 배울 수 있을까? 바로 '아무리 우량주라도 실적이 계속 역성장하면 주가는 어디까지 떨어질지 아무도 모른다'라는 것이다. 앞서 살펴본 LG생활건강이나 엔씨소프트 같은 우량주도 고점 대비 70%~80% 하락한다. 중·소형주나 소외주라면 90%, 95%까지도 떨어질 수 있다는 의미다. 상장폐지를 당해 하루아침에 증권이 휴지 조각이 되는 곳도 수십 곳씩 생긴다. 그러니 단순히 주가가 크게 하락했다고 투자하겠다는 생각은 접어두자.

너무 많이 올라서 매수하기 부담스러워요

이번에는 앞과 정반대 사례다. 가끔 나에게 어떤 주식을 사야 하냐고 묻는 지인들이 있다. 그러면 나는 '어떤 주식에 투자하라고는 말할 수 없다. 다만 나는 이러한 이유로 이 주식의 비중이 가장 크다. 하지만 항상 산업과 회사 환경이 바뀌기 때문에 언제든 투자 비중이 바뀔 수 있다.'라고 대답해준다.

그런데 간혹 내가 투자하는 중이라고 밝힌 주식이 최근에 많이 올랐다면 대부분은 이렇게 반응한다. '어, 이 주식은 이미 많이 올랐네요. 더 오르긴 힘들지 않을까요?. 많이 올랐으니 떨어질 가능성이 클 것 같아요.' 2023년 중반, 현대차2우B에 투자할 때의 일화다. 그때 주위에서 괜찮은 주식을 물어보면, 나는 솔직히 현대차에 투자하고 있다고 말했다. 주가 대비 예상 실적도 좋고 배당수익률도 10% 정도로 높은데다 꾸준한 성장까지 기대되었기 때문이다.

그런데 사람들의 반응은 위에서 말한 것처럼 떨떠름했다. 2020년의 코로나 팬데믹 때문에 4만 4,000원까지 떨어진 주식이 이미 100% 이상

현대차2우B의 주가 변동

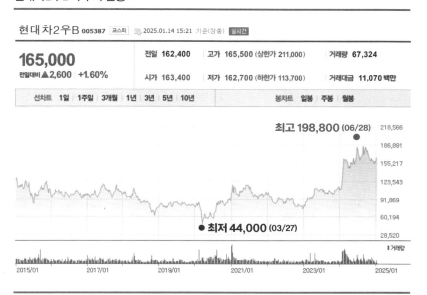

현대차2우B 005387 코스피 2025.01.14 15:21 기준(장중) 실시간

165,000
전일대비 ▲2,600 +1.60%

| 전일 162,400 | 고가 165,500 (상한가 211,000) | 거래량 67,324 |
| 시가 163,400 | 저가 162,700 (하한가 113,700) | 거래대금 11,070 백만 |

선차트 1일 1주일 3개월 1년 3년 5년 10년 　　　봉차트 일봉 주봉 월봉

최고 198,800 (06/28)

218,566
186,891
155,217
123,543
91,869
60,194
28,520

● 최저 44,000 (03/27)

거래량

2015/01　　2017/01　　2019/01　　2021/01　　2023/01　　2025/01

출처: 네이버페이 증권

올라 부담스럽다는 이유였다. 이미 많이 올랐으니, 다시 예전만큼 떨어질 수도 있다고 걱정한 것이다.

하지만 책에서 꾸준히 말한 것처럼 현대차2우B는 실적 개선에 힘입어 단숨에 16만 원까지 상승했다. 2024년 중반에는 19만 원을 넘어서기도 했다. 코로나 팬데믹 때보다 100% 이상 주가가 오른 상태에서 60%~90% 가까이 더 상승한 것이다.

여기서 우리가 깨달아야 하는 것은 '주가의 등락을 기준으로 판단하지 말아야 한다'라는 것이다. 아무리 주가가 많이 상승했더라도, 해당 기업의 실적과 배당이 주가 대비 여전히 낮은 수준이고 앞으로 성장성이 높다면 투자할 가치가 높다. 단순히 최근 주가의 등락에 목을 매는 것이 아니라, 현재 주가 대비 실적과 배당수익, 앞으로의 성장성이 어느 정도 되는지 분석해보아야 한다는 것이다. 우리가 앞서 살펴본 배당성장주를 분석하는 과정을 그대로 적용해보면 된다.

최적의 손절, 익절 타이밍이 있나요?

투자자들은 주가가 하락해 손실을 보는 것을 싫어한다. 하지만 실제로 그런 상황에 빠지면 어떤 선택을 해야 할지 하루에도 수십 번 고민이 이어진다. 버틸지, 손절할지, 버틴다면 언제까지 버텨야 하는지. 그러다 앞의 LG생활건강과 엔씨소프트의 사례처럼 주가가 계속 하락해 80%~90%를 잃게 된다면? 생각만 해도 끔찍하다.

역시 손절이 답인가? 그렇다면 과연 언제 해야 할까? 3%, 5%, 7%, 10%, 20%, 30%? 가끔 전문가라는 투자자들이 자신만의 기준을 말하기도 한다. 그런데 10% 정도 하락하다 반등해서 수십, 수백% 상승하면? 그 뒤로는 어떤 말도 귀에 들어오지 않을 것이다.

이런 문제에 명확한 답을 찾을 수 없는 이유는 바로 주가를 기준으로 판단했기 때문이다. 계속 강조하지만, 절대 주가의 등락을 기준으로 투자를 판단해서는 안 된다.

롱런할 수 있는 배당성장주 투자자라면 주가 하락 시기에 어떻게 대응할까? 내가 생각한 회사의 예상 실적과 배당금에 변화가 있는지 확인해야 한다. 만약 예상 실적과 배당에 변화가 없는데, 주가만 하락한 것이라면? 오히려 즐거운 마음으로 추가 매수한다. 왜? 주가가 하락했기 때문에 주가 대비 배당수익률은 더 상승했기 때문이다. 같은 금액을 투자했을 때, 내가 받게 될 배당금이 더 늘어나게 된다. 배당성장주 투자자들에게 주가가 하락한다고 손절하는 투자자들은 귀인이다. 왜? 좋은 주식을 싸게 팔아주니까!

그러면 무조건 추매를 하면 될까? 아니다! 내가 예상한 실적과 배당이 주가의 변동보다 더 나빠질 것이라고 예상된다면 전혀 다르게 대응해야 한다. 그렇지 못하면 주가가 하락하며 얻은 피해보다 실적과 배당의 감소로 더 아프게 맞게 된다.

이런 경우에는 내가 투자하고 있는 주식보다 더 매력적인 주식이 있는 지 살펴보자. 만약 내가 투자 중인 곳이 가장 매력적이라면 버티면 그만 이다. 하지만 내가 투자한 곳보다 더 매력적인 주식이 있다면 빠르게 손 절하고 다른 주식을 매수하는 것이 합리적인 판단이다. 이렇게 주가 대 비 실적과 배당금의 미래 동향을 기준으로 판단하면, 단순히 주가의 등 락만을 기준으로 판단하는 것보다 훨씬 명확하고 합리적인 판단을 내릴 수 있다.

반대로 내가 산 주식의 주가가 상승하면 언제 매도할지 고민될 것이다. 주가가 계속 상승하기만 하면 고민하지 않아도 될 텐데, 보통은 횡보하 다 상승하는 경우가 많아 더욱 그렇다. 그러다 다시 조금 떨어지면 그 가 격에 팔지 못한 것이 후회된다. 이런 패턴이 반복되면, 멘털이 흔들리고, 후회하지 않기 위해 성급하게 파는 경우가 발생한다.

주식시장에서 떠도는 격언 중에 '익절은 언제나 옳다'라는 말도 있다.

수익을 내고 매도한 것은 무조건 잘했다는 것이다. 그런데 과연 그럴까? 내가 보유한 주식의 예상 실적과 배당은 그대로인데 주가만 상승하면서 주가 대비 배당수익률이 떨어졌다. 그래서 다른 주식의 투자매력도가 더 높아졌다면 익절이 좋은 선택이다. 그 주식을 팔아 얻은 현금으로 더 매력적인 주식에 투자하면 배당수익률도 더 좋아지기 때문이다.

그런데 팔려던 주식의 예상 실적과 배당의 매력이 주가보다 더 높아진다면? 여전히 가장 투자매력도가 높은 주식이라면? 이런 상황에서의 익절은 나쁜 선택이다. 그렇게 익절해서 어디에 투자할 것인가. 투자매력도가 더 낮은 주식? 그렇게 되면 중장기적인 배당수익률은 더 낮아지게 된다.

아니면 주가가 더 하락하기를 기다렸다 다시 매수할 것인가? 미래의 주가는 내가 판 가격보다 낮아질 수도 있지만, 더 상승할 수도 있다. 내 판단하에 가장 매력적인 주식이라면 등락을 반복하며 중장기적으로 상승할 가능성이 높기에, 내가 판 가격보다 싸게 사는 것이 힘들 수 있다. 겨우 몇 % 더 수익을 받자고 수십%의 상승을 놓칠 수 있는 것이다.

만약 내가 10만 원 초반에 산 현대차2우B를 겨우 10% 올랐다고 매도했다면, 20%~30% 올랐다고 매도했다면 추후 더 큰 상승에서 나온 수익을 누리지 못했을 것이다. 주가가 꾸준히 올랐지만 내가 현대차2우B를 익절하지 않은 것은, 현대차의 예상 실적과 배당도 주가 못잖은 성장이 기대되며 여전히 가장 매력적인 상태를 유지했기 때문이다.

이제부터는 '익절은 언제나 옳다.' 대신 '투자매력도가 더 높은 주식으로 비중을 이동하기 위한 익절은 옳다.'라고 기억하자.

5-3

배당금,
배당주 꿀팁

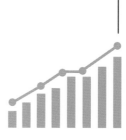

하루만 보유해도 배당금 5%를? 배당기준일 이야기

'찬 바람이 불면 고배당주를 사라.'라는 말이 있다. 그 이유는 바로 국내 회사들의 배당기준일 때문이다. 배당기준일이란 배당금을 받을 권리가 주어지는 날로, 이날까지 그 회사 주식을 보유한 주주들에게 배당금이 지급된다. 국내 주식 대부분은 1년에 1번 배당금을 지급하며, 배당기준일은 매년 말일인 12월 31일이다. 즉, 날씨가 추워진다는 의미는 배당기준일이 다가오고 있다는 것이고, 이맘때 주식을 사서 배당기준일까지 가지고만 있으면 배당금을 받는 것이다.

주식 매수 후 계좌에 들어오기까지 2영업일이 걸리기 때문에, 배당기준일이 있는 달 마지막 영업일 이틀 전까지 매수하고 팔지 않으면 된다. 그리고 배당기준일 하루 전에 팔면 배당금을 받을 권리는 유지된다.

2025년 1분기 배당기준일

2025.03　◀　▶　오늘　　　　　　　　　　　　일간　주간　**월간**　목록　2주▼

일	월	화	수	목	금	토
						1
2	3	4	5	6	7	8
9	10	11	12	13	14	15
16	17	18	19	20	21	22
23	24	25	26	27 D-2 영업일	28	29
30	31 1분기 배당기준일					

출처: 네이버페이 증권

2025년 1분기에 나오는 분기 배당금의 경우, 배당기준일이 2025년 3월 31일이다. 3월의 마지막 영업일은 3월 31일이므로, 2영업일 전인 3월 27일까지 주식을 사야 한다. 그리고 3월 28일부터는 주식을 매도해도 1분기 배당금을 받을 권리는 유지된다.

이제 위 내용을 바탕으로 배당기준일이 12월 31일인 주식의 2025년 결산 배당금을 받으려면 언제까지 주식을 사야 하는지 맞춰보자. 정답부터 얘기하자면, 2025년 12월 26일이다. '아니, 배당기준일이 12월 31일이면 2영업일 전인 12월 29일까지 매수해야 하는 것 아니야?'라고 생각하는 독자가 있을 것이다.

그런데 매년 말일인 12월 31일은 한국 주식시장의 휴장일이다. 따라서 2025년의 마지막 증시 개장일인 12월 30일이 실질적인 배당기준일

2025년 연말 배당기준일

일	월	화	수	목	금	토
	1	2	3	4	5	6
7	8	9	10	11	12	13
14	15	16	17	18	19	20
21	22	23	24	25	26 D-2 영업일	27
28	29	30 2025 마지막 증시 개장일	31 배당기준일 임시휴장일			

출처: 네이버페이 증권

이 된다. 그러므로 12월 30일로부터 2영업일 전인 12월 26일까지는 매수해야 하는 것이다. 주의해야 할 점은 매도 시점이다. 12월 26일에 주식을 매도하면 12월 30일에 내 계좌에서 주식이 출고되기 때문에 12월 31일 기준으로는 주식을 보유하지 않은 것이 된다.

　또 주의해야 할 점은, 최근 배당기준일이 달라진 주식들이 있다는 것이다. 앞서 설명한 것처럼 지금까지 결산 배당금은 주식배당기준일 이후에 결정되었다. 보통 주식배당기준일이 매년 12월 31일이고, 이듬해 초에 배당금이 결정되어 4월에 지급되었다. 그래서 주식투자자들은 배당금을 얼마나 받을지 모르는 상태에서 투자해야 한다는 불만이 많았다.

　금융위원회에서는 이러한 불만을 해소하기 위해 배당금을 확정한 이후로 배당기준일을 설정하도록 권고하였다. 현대차가 이러한 권고를 따른 대표적인 사례다. 2024년 1월 25일에 배당금을 결정하고 2월 29일로 결산배당기준일을 설정하였다. 즉 투자자들은 1월 25일에 현대차가 배당금을 얼마나 지급할 것인지 알게 된 상태에서 2월 말까지 배당금을 노린 투자를 하게 된 것이다.

현대차뿐만 아니라 다른 회사들도 이러한 권고안에 따라 배당기준일을 바꾸고 있으므로 앞으로는 배당기준일을 꼭 확인하여 투자해야 할 필요가 있다.

배당락을 주의해라?

앞서 배당기준일에 대한 설명을 들으면서 이미 눈치챈 분들도 있을 것이다. 바로 하루만 주식을 보유해도 배당금을 받을 수 있다는 것. 2025년 12월 26일에 주식을 사서 2025년 12월 29일에 팔면 1년 치 배당금을 받는다는 의미다. 단순하게 생각하면 2025년 12월 26일이 만기인 연 3.5% 이율의 정기예금에 가입해서 이자를 받다가, 12월 26일에 전부 연 5% 배당수익률인 배당주를 사면 8.5%의 세전 수익률을 기대할 수 있다.

그런데 여기에는 맹점이 있다. 사실 위와 같은 생각은 배당주를 공부하면 누구나 할 수 있다는 것이다. 그 때문에 연말 배당기준일이 다가올수록 배당금을 노리고 고배당주에 투자하는 투자자들이 늘어나고, 팔려는 투자자들은 줄어들면서 주가는 자연스럽게 상승하게 된다. 또 배당이 확정된 순간 그 주식을 팔려는 투자자들이 늘어 주가가 급락할 수 있다. 5%의 배당수익률을 얻으려고 주식을 샀는데, 주가는 그보다 더 하락해 한동안 그 주식에서 벗어나지 못하는 것이다.

KT&G의 배당락일 하락 폭

2024.01.05	88,800	▼ 1,600	-1.77%	203,223	-57,703	+52,205	57,137,152	42.70%
2024.01.04	90,400	▲ 500	+0.56%	255,936	-58,462	+151,986	57,113,558	42.68%
2024.01.03	89,900	▲ 600	+0.67%	345,004	-118,505	+239,390	57,042,102	42.63%
2024.01.02	89,300	▲ 2,400	+2.76%	291,323	+38,846	+102,566	56,850,262	42.48%
2023.12.28	86,900	▲ 1,200	+1.40%	279,934	+45,395	-28,980	56,689,460	42.36%
2023.12.27	85,700	▼ 5,200	-5.72%	625,680	-309,601	+15,413	56,794,396	42.44%
2023.12.26	90,900	▲ 500	+0.55%	386,809	+143,965	+4,690	56,726,043	42.39%
2023.12.22	90,400	▼ 400	-0.44%	227,302	+33,712	+8,290	56,771,440	42.42%
2023.12.21	90,800	▼ 600	-0.66%	144,757	-4,125	-12,047	56,777,798	42.43%
2023.12.20	91,400	▲ 200	+0.22%	201,672	+62,614	-8,136	56,801,713	42.45%

출처: 네이버페이 증권

고배당주로 유명한 KT&G의 경우, 평균 배당수익률이 5.5%~6.0% 수준이다. 이러한 KT&G의 배당기준일 다음 영업일의 주가를 살펴보자. 2023년 배당기준일 직후 무려 5.72%가 하락했다. 2022년에는 3.89%, 2021년에는 5.01%가 하락했다. 즉 투자자가 얻는 배당만큼, 주가를 생각하면 그보다 더 주가가 하락한 것이다.

물론 주가가 하락하지 않을 수도 있고, 반대로 상승할 수도 있다. 하락 후 짧은 시간 내에 주가가 다시 회복될 수도 있다. 하지만 지금까지의 사례들을 보면 단기적으로는 거의 확정적으로 주가가 하락하게 된다. 그로 인한 평가손실 때문에 고통을 감내해야 할 수도 있다는 것을 염두에 둬야 한다. 대출 등으로 무리하게 자금을 끌어왔다면 더욱 괴로울 수 있다.

그러므로 단순히 배당금만 노리고 투자하는 건 위험 요소가 있다는 것에 유의하자. 대신 장기적으로 투자하려는 배당성장주의 배당기준일이 얼마 남지 않았다면, 빠르게 매수하는 것도 좋은 전략이라고 생각한다.

투자를 시작할 때부터 배당금을 받고 시작하기에 투자금과 배당금 성장에 조금이라도 유리하기 때문이다.

우선주는 뭐가 좋은 거예요?

주식투자를 하다보면 가끔 삼성전자우, 현대차우, LG우, 이렇게 주식 이름 끝에 '우'라는 낱말이 붙은 종목을 볼 수 있다. 이는 '우선주'라는 의미로, 다음과 같은 특징을 갖고 있다.

─의결권이 없음

─배당금은 보통주보다 액면가의 1~2% 정도 많음.
(보통 액면가가 5,000원이므로 50원에서 100원을 더 받는 셈)

─변제권: 보통주보다 선순위 (채권보다는 후순위)

─발행량과 거래량: 보통주보다 많이 적음. 보통 10% 이하.

─주가: 보통주보다 많이 낮음. 코스피에서 보통주와 우선주의 괴리율은 35% 정도. 참고로 선진국 증시에서 보통주와 우선주의 괴리율은 10~20% 정도.

사실 주식의 핵심은 의결권이다. 민주주의 사회에서 국민의 힘은 투표에서 나오듯, 주식회사에서 주주의 힘은 의결권에서 나온다. 주주들의 의결로 사업상의 주요 사항들을 결정할 수도, 이사와 감사를 선임할 수도 있다. 그리고 이사들이 회사의 경영과 인사를 총괄하는 대표이사를 뽑는 만큼, 다수의 의결권을 확보할 수 있다면 회사를 자신의 마음대로 움직일 수도 있다.

의결권이 있는 보통주 주주들은 이렇게 의결에 참여할 권리가 있지만, 우선주 주주들은 의결권이 없기에 주주총회에 참석할 권리도 없다. 물론 '의결권이 없는 우선주는 내용 없는 찐빵'이라고 생각할 수 있다. 하지만 사실 개인주주들은 의결권이 꼭 필요하지 않다. 특히 최대주주가 경영권을 안정적으로 확보한 회사에서 일반주주들의 의결권은 거의 영향을 미치지 못한다. 앞에서 본 고려아연 사태 같은 경영권 분쟁이 발생하면 개인주주들의 의결권이 중요해지지만, 이런 경우는 정말 드물기에 화제가 된 것이다.

그럼 배당투자자는 왜 우선주를 공부해야 할까? 의결권이 없는 대신 보통주보다 배당금이 많기 때문이다. 예를 들면 현대차의 액면가가 5,000원이라면 현대차우와 현대차3우B는 액면가의 1%인 50원을, 현대차2우B는 액면가의 2%인 100원을 더 받게 된다. 2023년 현대차 보통주의 연간 배당금은 11,400원, 우선주와 3우B는 11,450원, 2우B는 11,500원이었다.

'겨우 50원, 100원 더 받으려고 우선주를 산다고?!'라며 가소롭게 생각할 수도 있다. 그런데 단순히 배당금에 집중하는 것이 아니라 주가 대비 배당금 수익률을 생각해야 한다. 앞서 설명했듯 코스피에서 보통주와 우선주 주가의 괴리율은 35% 정도이다. 보통주의 가격이 1만 원이라면 우선주는 6,500원 정도라는 것이다. 만약 보통주의 주당배당금이 600원, 우선주가 650원이라면? 보통주의 배당수익률은 6.0%이지만, 우선주의 배당수익률은 무려 10%가 된다. 1억 원을 투자했다면 보통주는 600만 원, 우선주는 1,000만 원의 배당금을 받는 것이다. 배당금을 무려 70%나 더 받게 되는 것이다.

내가 우선주를 배당성장주 투자의 치트키라고 부르는 이유도 이 때문이다. 의결권만 포기하면 나의 투자금 대비 배당수익을 크게 늘릴 수 있다. 또 국내 주식시장도 점점 배당과 주주환원에 관심을 두고 있고, 투자자들의 우선주에 대한 인식도 긍정적으로 바뀌고 있다. 이런 변화가 이어지면 우선주와 보통주의 괴리율도 점점 줄어들고, (우선주가 보통주에 맞추어 상승하는 방향으로) 우선주의 주가가 전반적으로 상승할 가능성이 높다. 대신 지금과 같이 높은 배당수익률의 우선주가 점점 사라지게 될 것이다. 미리 이런 우선주들을 선점해둔다면 주가 대비 많은 배당금을 누리며 시세차익까지 노릴 수 있다.

우선주의 장점은 한 가지 더 있다. 바로 변제권이다. 만약 예기치 못한 사정으로 회사가 부도, 자산을 청산한다면 우선주의 변제 순위는 채권 다음이며 보통주보다 앞선다. 물론 코스피나 코스닥에 상장된 회사가 부도 처리되는 경우는 굉장히 드물다. 그리고 채권을 모두 변제하고 우선주까지 남은 자산이 있을지도 의문이긴 하다. 그래도 약간은 이득이 있기에 고려해 둘 수 있는 부분이다.

다만 단점도 있다. 발행량과 투자자들의 관심이 적어 거래량도 매우 적다는 것이다. 삼성전자 보통주의 하루 거래량이 1000만 주라면, 우선주는 100만 주가 채 되지 못한다. 현대차의 보통주 거래량이 200만 주 정도라면 우선주 거래량은 세 종목을 합쳐 총 70만 주 정도이다. 이렇게 보통주 거래량의 10%도 미치지 못하는 우선주들이 많다. 짧은 시간에 많은 수량을 매도하려면, 현재가보다 꽤 할인된 금액에 주문을 넣어야 모두 체결될 것이다.

이러한 우선주의 장단점들을 잘 고려해 성공하는 투자로 한걸음 올라서자.

매월, 매일 배당금을 받는 방법

월배당 ETF를 사지 않아도 매달 배당금을 받는 방법이 있다. 바로 미국 주식들의 배당금 지급 시기가 다른 점을 활용하는 것이다. 미국의 분기 배당은 3개월마다 지급하지만 1월부터 4월, 7월, 10월인 경우, 2월부터 5월, 8월, 11월인 경우, 또는 3월부터 6월, 9월, 12월처럼 지급하는 달이 조금씩 다르다. 이러한 주식들을 잘 섞으면 1년 내내 배당금을 받을 수 있다.

유명하거나 유망한 회사의 주식 중 이런 시차가 있는 것들을 정리해보았다. 이 도표 속 기업들을 잘 조합하면 매달 배당금을 받을 수 있다. 만

배당 지급 시기별 주식 분류

1, 4, 7, 10월 배당	PM, KMB, 머크, 시스코시스템즈, 킴벌리클라크. JPMorgan, 코카콜라
2, 5, 8, 11월 배당	IBM, 엑슨모빌, 다우, AT&T, P&G, CVS헬스, 캐너필러, 모건스탠리, 마이크로소프트, 애플, 애브비
3, 6, 9, 12월 배당	화이자, KHC, 록히드마틴, 암젠, 블랙록, 퀄컴

약 JP모건체이스, 애플, 퀄컴 주식을 매수한다면 1, 4, 7, 10월에는 JP모건체이스, 2, 5, 8, 11월에는 애플, 3, 6, 9, 12월에는 퀄컴에서 배당금을 받는 것이다.

이 방식의 장점은 주가 등락에 일희일비하지 않고 기업의 실적과 배당에 집중하게 된다는 것이다. 매월 배당금을 받으니, 실적과 배당금의 중요성을 자주 체감하기 때문이다. 반면 단점은 수익 극대화를 노리기 힘들다는 점이다. 여러 주식에 분산 투자하기 때문에 배당금이나 시세차익의 극대화를 이루기 어렵다.

여기에 더해 이번에는 매일 배당금을 받는 방법을 알아보자. 사실 이 방법은 약간 번거롭기도 하고, 따지고 보면 조삼모사에 가깝다. 하지만 배당성장주 투자를 지속해나가는데 유용한 동기부여 수단이 될 것이다.

먼저 자신이 받은 배당금을 바로 사용하지 않고 CMA에 보관하자. 그리고 다음 배당까지 남은 일수로 나눈 금액을 계좌에 자동이체 시키는 것이다. 예를 들어 배당금으로 90만 원을 받았는데, 분기 배당주여서 다음 배당금까지 90일이 남았다면 매일 1만 원씩 자동이체를 시키는 것이다. 자동이체 설정이 번거롭고 귀찮지만 마음먹고 집중하면 1시간 정도에 세팅을 끝낼 수 있다.

'아니 굳이 번거롭게 왜 그렇게까지 해?'라고 생각하는 분들도 있겠지만… 이런 사소한 작업을 통해 얻을 수 있는 장점은 실로 크다.

① 자신의 자산을 명확하게 인지할 수 있다
일하지 않아도 배당금으로 자신에게 매일 어느 정도의 현금흐름이 발

생하는지 실감할 수 있다.

② 매일 투자할 수 있는 자금이 생긴다

적립식으로 모아가다 주가에 특이한 변동이 있을 때 맘 편히 주식을 매수하자. 이를 통해 주가 등락에 흔들리지 않고, 꾸준히 배당성장주를 모아갈 마음을 굳힐 수 있다.

배당 여러 번 받는 '배당 시차' 이용법

앞서 살펴본 매월 배당금을 받는 방법의 아쉬운 점은, 결국 받게 되는 총배당금의 차이가 없다는 것이다. 연간 배당금 수익률이 3.6%로 같지만, 배당금 지급 시기가 다른 3개의 주식에 1억 원을 분산 투자했다고 가정해보자. 나는 매월 배당금을 받겠지만, 연간 총배당금은 360만 원으로 주식 하나에 몰아서 투자하는 것과 차이가 없었다.

이번에는 배당금을 여러 번 받으면서도 총배당금까지 키울 방법을 알아보자. 실제로 나는 이 방법을 이용해 2023년의 결산 배당금을 크게 키울 수 있었다. 바로 회사들의 각각 다른 배당기준일에 맞추어 투자 비중을 옮기는 것이다.

2023년 한국 정부에서는 회사들에게 배당금을 먼저 공시하고, 배당기준일을 확정하라고 권고했었다. 이 권고로 현대차는 4분기 배당기준일을 이듬해 2월 29일로 변경하였지만, LG지주회사는 기존의 배당기준일인 12월 31일을 고수하고 있었다. 당시 나는 LG지주회사 우선주를 많이 보유하고 있었고, 현대차 우선주로 비중을 옮길 계획도 있어서 이런 괴리에서 기회를 찾을 수 있었다.

배당기준일이 다른 점을 이용해 LG지주회사의 배당이 확정된 뒤 현대차로 이동했고, 두 회사의 배당금을 모두 받을 수 있었다. LG지주회사는 우선주의 4분기 배당수익률이 5.19%, 현대차는 2분기부터 분기 배당을 해서 4분기 배당수익률이 6%였다. 결국, 둘을 합쳐 10%가 넘는 배당이익을 얻은 것이다.

이 방법을 2025년에는 어떻게 활용할 수 있을까? 국내 주식인 '현대차 2-우B', 미국 주식 '화이자' 이렇게 2개의 주식을 예로 알아보자. 앞서 설명한 것처럼 현대차의 배당기준일은 2월 29일, 3월 31일, 6월 30일, 9월 30일이다. 화이자의 배당기준일은 1월 말, 4월 초중순, 7월 말, 11월 초이다. 현재 (2025년 1월 17일 기준) 각 주식의 주가 기준으로 배당기준일별 예상 배당수익률을 계산해보면 아래와 같다.

1월 말에는 화이자로, 2월말부터 3월말까지는 현대차 우선주, 4월 중에는 화이자, 6월말에는 현대차 우선주, 7월 말 화이자, 9월말 현대차 우선주, 11월 초 화이자로 계속 전체 투자 비중을 옮긴다면 주가와 무관한 배당수익률만 무려 15.65%가 나오게 된다. 1억 원쯤을 투자했을 때 무려 1,565만 원의 세전 배당금을 받는 것이다.

'연 15.65%의 수익률이면 워런 버핏의 연평균 수익률과 비슷한데, 이 방법을 쓰면 금방 부자 될 수 있겠네.'라고 생각하시는 분들이 있을 텐데, 높은 수익을 기대할 수 있는 만큼 주의사항도 까다롭다.

① 배당락으로 손실이 더 크게 발생할 수 있다

앞에서 설명한 것처럼 배당주는 배당을 주기 직전이 가장 비싸고, 배당

시기를 이용한 배당주 환승 계획 (단위: %)

시기별 배당수익률	현대차우	화이자
1월 말		1.59
2월 말	4.43	
3월 말	1.62	
4월 중		1.59
6월 말	1.62	
7월 말		1.59
9월 말	1.62	
11월 초		1.59
연간배당	9.29	6.36
총합계	15.65	

(*도표 안 강조는 최대배당을 얻기 위한 일정)

(**2025년 1월 17일 기준 배당발표에 따름)

금을 지급하면 가격이 내려가는 모습을 보인다. 물론 항상 그렇지는 않을 수도 있다. 분기 배당주들은 배당락의 정도가 연 배당주보다 상당히 작고, 거의 발생하지 않을 때도 있다.

주식들의 배당락일과 시차를 두고 매매하는 것도 대안이 될 수 있다. 화이자 주식을 배당 기준일인 11월 초에 바로 매도하지 말고 LG전자의 배당 기준일인 12월 말과 중간 지점인 11월 말~12월 초에 매도하는 것이다. 이 방법을 쓰면 배당수익과 더불어 시세차익까지 보게 될 수도 있다.

② 증권사 거래수수료와 세금이 발생한다

증권사 거래수수료는 매매할 때마다 발생한다. 보통 국내 주식은 0.015%, 미국 주식은 0.25% 정도로 미국 주식의 거래수수료가 꽤 크다.

거래 주식에 따른 부대비용 차이

	국내 주식	미국 주식
매수	거래수수료: 0.015%	거래수수료: 0.250%
매도	거래수수료: 0.015% 증권거래세: 0.180%	거래수수료: 0.250% 증권거래세: 0.00278%

그리고 국내 주식은 매도할 때 0.18%의 증권거래세가 추가된다. 미국 주식은 양도소득세를 부과하기 때문에 거래세는 부과하지 않는다. 다만 매도 시 '증권거래위원회 수수료(SEC fee)' 0.00278%가 발생한다.

즉 국내 주식을 팔고 국내 주식을 사면 0.21%, 국내 주식을 팔고 미국 주식을 사면 0.45%. 미국 주식을 팔고 미국 주식을 사면, 0.5%. 미국 주식을 팔고 국내 주식을 사면 0.27%의 수수료가 발생하는 것이다. 즉 한번 비중을 옮길 때마다 0.20%~0.50%의 비용이 발생하게 된다.

특히 금융소득 종합과세 구간에서 고액 구간에 해당한다면 실소득이 더 줄어들 수 있다. 자신의 소득과 배당금의 수준에 따라 배당금의 40% 이상을 세금과 건보료로 낼 수 있기 때문이다. 그래서 1.1%~1.4% 정도의 배당수익을 냈더라도, 실제 수익은 0.6%~0.7% 정도가 될 수 있다. 여기에 세금과 수수료로 0.2%~0.5%까지 내야 한다면, 세후 수익은 더 줄어들지도 모른다.

이런 유의점들을 고려하면 활용 방안은 크게 두 가지가 될 수 있다.

① 비중 이동이 필요할 때

배당기준일과 상관없이 주식 A에서 주식 B로 비중을 이동하려고 계획

하고 있을 때 활용하는 것이다. 만약 기존에 투자하던 주식보다 더 매력적인 주식을 찾았거나 분산투자를 위해 비중을 조정해야 한다면 두 주식의 배당기준일을 확인하고, 배당금을 두 번 받을 수 있는 계획을 만들 수 있다.

예를 들어, 현대차 우선주에서 화이자로 비중을 옮겨야 한다면 10월 중순에 매매 일정을 잡는 것이다. 그러면 현대차의 3분기 배당금, 화이자의 3분기 배당금도 받을 수 있게 된다.

② 예상 배당수익률이 세금과 거래수수료의 합보다 훨씬 클 때

증권사들은 LG전자 우선주의 2023년 4분기 배당금을 1,250원 정도 (중간배당금 500원 제외) 로 추정하고 있다. 현재 LG전자 우선주 주가(2025년 1월 17일 기준) 대비로는 3.07% 정도의 배당수익률이다. 현대차 우선주의 4분기 배당금은 6,850원 정도로 추정된다. 현재 현대차 우선주 주가 대비 4.43% 정도의 배당수익률이다.

만약 LG전자의 결산 배당기준일이 2월 중이라면 현대차의 3분기 배당기준일이 끝난 10월~12월 정도에 LG전자 우선주로 비중을 옮겨, LG전자 배당금을 받을 권리를 얻는다. 그리고 2024년 2월 29일 이전에 현대차 우선주로 비중을 옮겨 현대차 결산 배당금을 받을 권리도 획득한다. 그러면 LG전자에서 3.07%, 현대차에서 4.43% 총 7.07%의 배당수익을 기대할 수 있다. 수수료와 세금을 감안해도 훨씬 이득이다. 물론 이를 뛰어넘는 큰 배당락이 발생할 수 있다는 점은 조심해야 하지만, 시장의 호재나 수요에 따라 오히려 시세차익을 얻을 가능성도 있다.

5-4

기타 Q&A

자사주 매입과 소각, 배당금만큼 좋나요?

먼저 자사주 매입은 회사가 시장에서 자기 회사의 주식을 구매하여 유통주식을 줄이는 행위이다. 그래서 자사주소각이라는 뜻도 포함한다. 하지만 미국에서 이 행위를 뜻하는 'Stock buyback or share repurchase'라는 문장을 직역하면 자사주를 사들인다는 뜻만 확인할 수 있다. 미국에서는 자사주를 매입하면 소각하는 것이 당연하기 때문이다. 심지어 미국 워싱턴주는 자사주를 보유하는 것 자체가 불법이다.

그런데 국내 주식시장은 다르다. 자사주를 매입만 해놓고 소각은 하지 않는 경우가 다반사다. 자사주를 사들이기만 하는 것과 소각했을 때 어떤 차이가 있는지 알아보자. 자사주를 매입하면 주주들에게 다음과 같은 이익이 발생한다.

가장 먼저 주당순이익이 증가한다. 시장에서 거래되는 주식의 수가 줄어들면서 자연스럽게 주당순이익과 주식의 가치도 높아진다. 주당순이익은 당기순이익을 유통 중인 주식의 수로 나누는 것인데, 자사주는 유통주식이 아니므로 같은 순이익이어도 주당순이익이 커지는 것이다.

주당배당금 역시 증가하게 된다. 주당배당금은 총배당금을 유통주식 수로 나눈 것인데, 주당순이익에서 알아본 것과 동일하게 배당금 총액이 같더라도 1주당 지급되는 배당금은 늘어나게 된다.

주당의결권 영향력 또한 강화된다. 자사주로 편입된 주식은 주주총회에서의 의결권이 사라지게 된다. 그만큼 남은 유통주식들의 의결권이 강화된다.

마지막은 주가 안정화의 효과를 기대할 수 있다. 기업이 시장에서 자사주를 매수함으로써 매수 수요가 증가한다. 즉, 주가 하락 방지와 주가 안정 효과가 발생할 수 있다. 그래서 주가가 과도하게 하락할 때, 주가를 방어하기 위해 자사주를 매입할 때가 있다.

그런데 자사주를 매입했더라도 어떻게 처분하는지에 따라 매입 효과는 크게 달라진다. 주식을 소각하는 경우는, 위에서 살펴본 자사주 매입의 효과가 영속적으로 발생하게 된다. 하지만 기업이 자사주를 처분할 경우, 앞서 설명한 매입 효과가 사라지게 된다.

자사주를 매입해 놓고, 다시 매도하는 기업도 있는지 궁금할 것이다. 하지만 당장 카카오와 네이버, 아모레퍼시픽 같은 대기업도 2022년 임직원 상여금을 위해 자사주를 매도한 사례가 있다. 어떤 상황에서 어떤 악영향이 나타나는지 알아보자.

먼저 자사주를 다시 주식시장에 매도하는 경우다. 이러면 다시 유통주식이 늘어나, 추후 주당순이익과 주당배당금이 감소하게 된다. 또한 주식매도량이 늘어났기에 주가가 하락할 수도 있다. 즉, 자사주를 사들이며 발생한 모든 장점이 사라진다.

다음은 자사주를 제3자에게 매도하는 경우다. 제3자에게 매도하더라도 자사주가 유통주식수에 포함되며, 자사주 매입으로 발생한 효과들이 모두 사라진다. 주로 지분율이 높지 않은 최대주주들이 회사 자금을 활용해 경영권을 방어할 때 사용하는 방법이다. 미리 자사주를 매입했다가 경영권 분쟁이 일어나면 우호 세력에게 자사주를 매각해 자신에게 유리한 방향으로 의결권을 행사하게 하는 것이다. 거의 유사 횡령 행위 수준이다.

정리하면 자사주 매입은 모든 주주에게 긍정적인 영향을 줄 수 있다. 다만 매입한 자사주를 다시 주식시장이나 제3자에게 매도하면 그 효과는 모두 사라지기 때문에, 소각까지 이루어져야 한다. 그러나 국내 시장에서 자사주를 매입한 뒤 소각까지 이어진 것은 10% 남짓이다. (2023년 기준) 그러니 자사주 매입 소식에 환호만 해서는 안 된다. 다시 다른 주체에게 매각하지는 않는지, 실제로 소각까지 이어지는지 지켜봐야 한다.

유상증자, 투자자에게 좋은 건가요?

유상증자(Paid-In Capital Increase 또는 Seasoned Equity Offering)란 누군가로부터 현금 등을 받고 주식 총량을 늘리는 것으로, 채권 발행이나 대출 등을 통해서 자금을 끌어오기 싫거나 어려운 경우에 활용한다. 또한 부채비율이 줄어들며 재무구조가 개선되는 효과가 있다.

주주배정 방식과 일반공모 방식, 제3자배정 방식이 있으며, 보통은 주주배정으로 유상증자를 시행한다. 실권주에 대해서는 일반공모가 일반적이다. 세 방식의 특징을 알아보자.

먼저 주주배정은 기존 주주들에게 보유한 주식 수에 비례해 현금을 받고 새로 발행하는 주식을 배정해주는 것이다. 유상증자에 참여한 주주들의 보유 주식이 늘어나지만, 그만큼 전체주식도 늘어났기 때문에 지분율은 바뀌지 않는다.

일반공모는 IPO처럼 대중에게 새로 발행하는 주식을 취득할 기회를 주는 것이다. 새로 발행하는 주식의 수만큼 회사의 자본이 늘어나지만, 기존 주주들의 지분율은 줄어들게 된다.

마지막으로 제3자배정은 회사의 최대주주, 경영진 등과 이해관계에 있는 특정한 주체를 대상으로 새로운 주식을 발행하는 것이다.

개인투자자로서 유상증자라는 제도를 바라보는 시선은 복합적이다. 왜냐하면 유상증자에 참여해 돈을 추가로 투자해도 지분율은 바뀌지 않기 때문이다. 즉 회사에 미치는 내 영향력은 같은데, 내 돈만 회사의 주머니로 옮겨진 것이다. 회사가 배당금을 주는 행위의 정반대라고 볼 수 있다. 물론 유상증자에 참여하지 않아도 되지만, 지분율이 감소하니 울며 겨자 먹기로 참여할 때가 많다.

물론 유상증자로 얻은 자금을 잘 활용해 실적과 배당을 끌어올릴 수만 있다면 긍정적이다. 예를 들어, 어떤 제약회사가 신약을 개발하다 자금이 부족해졌다고 생각해보자. 신약만 성공하면 막대한 이익을 얻을 수 있는데 돈이 나올 구멍이 없다. 그래서 유상증자로 자금을 조달해 개발에 성공한 것이다. 이런 경우는 긍정적인 유상증자로 평가할 수 있다.

일론 머스크의 '테슬라'도 개발 당시에는 매년 적자를 기록했고, 부족한 자금을 조달하기 위해 수조 원의 유상증자를 몇 차례 진행했었다. 하지만 결국 흑자전환에 성공해 주가가 크게 상승하며 투자자들에게 많은 이익을 안겨다 주었다.

하지만 유상증자를 통해 자금을 확보했어도 아무런 성과가 없다면 주주들은 헛돈만 날린 셈이 된다. 즉 실패한 유상증자가 되는 것이다. 만약 테슬라가 수조 원의 유상증자에도 불구하고, 여전히 흑자전환에 실패했다면 그것은 실패한 유상증자가 되는 것이다.

결과론적인 이야기지만, 내가 투자한 회사가 유상증자로 얻어낸 자금을 통해 그 이상의 실적과 배당 개선을 할 수 있을지 냉철하게 판단해야 한다. 앙드레 코스톨라니나 피터 린치가 항상 경고한 것을 잊지 말자. 주식과 사랑에 빠져서는 안 된다.

물적분할과 인적분할, 뭐가 투자자에게 좋아요?

물적분할이란 A라는 기업에서 일부분을 떼어내 B라는 새로운 기업을 만들고 B의 지분을 모두 갖는 것이다. 지분구조 상 B는 A에 완전히 종속된 자회사가 된다. 또 기존 주주들이 A에 가지고 있던 지분 비율은 바뀌지 않는다. 하지만 B라는 기업의 지분은 직접 소유하지 못하고, A라는 기업을 통해서 B의 지분을 간접 보유하게 되는 형태가 된다.

인적분할 역시 A라는 기업에서 일부분을 떼어내 B라는 새로운 기업을 만든다. 하지만 물적분할과 다르게 A 기업의 주주들은 A와 B 각각에 기존과 동일한 비율의 지분을 보유하게 된다. A 기업과 B 기업의 주주구성은 같지만, B 기업은 A 기업에 전혀 종속되지 않은 별개의 회사가 되는 것이다.

LG그룹에서 진행한 물적분할과 인적분할의 사례를 통해 좀 더 자세히 알아보자. LG화학은 2022년 LG에너지솔루션을 물적분할하였다. 당시 LG화학의 일반 주주들은 물적분할을 반대하고 인적분할로 진행할 것을 강력하게 요청했다. 그러나 LG화학은 LG화학과 LG에너지솔루션의 물적분할을 추진하였다. 왜 그랬을까? 바로 LG 최대주주(구광모 회장 외 27인)의 LG에너지솔루션에 대한 지배력 유지를 위해서였다.

LG에너지솔루션은 사업 구조상 많은 투자금이 필요해 상장을 통해 새로운 자금을 수혈하려 했다. 그런데 당시 LG는 LG화학 지분 33.4%를 보유하고 있었고, LG에너지솔루션은 LG화학의 100% 자회사였다. 만약 인적분할을 진행하면 LG는 LG화학과 LG에너지솔루션의 지분을 각각 33.4% 보유하게 되는 상황이었다. 추후 LG에너지솔루션이 IPO를 하게 되면, 그만큼 LG의 지배력은 약화되는 상황이었다.

대신 물적분할로 진행하면 LG화학이 LG에너지솔루션의 지분을 100% 보유하기에, LG에너지솔루션의 상장으로 지분율이 어느 정도 낮아져도 LG화학은 LG에너지솔루션에 대해서 강한 지배력을 갖게 된다. 그리고 LG화학에 대한 LG의 지분 33.4%는 변함이 없기에 LG는 LG화학에 대한 기존의 지배력을 유지하면서, LG화학을 통해서 LG에너지솔루션에 대해

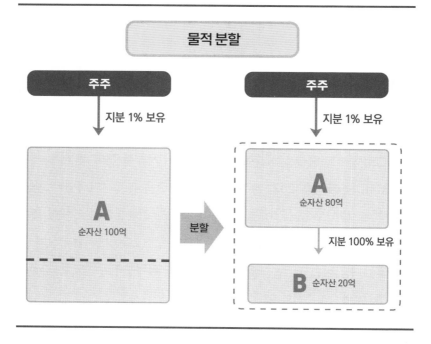

강한 지배력을 가질 수 있었다.

하지만 LG화학과 LG에너지솔루션의 기대 가치는 큰 차이가 있었고, 분할을 둘러싼 진통이 이어졌다. 국내 주식시장은 성장주에는 높은 평가를 주는 반면, 성장주를 보유한 지주회사에 대해서는 평가가 박한 성향이 짙다. 거기에 당시 공모시장의 분위기라면 LG에너지솔루션의 가치가 솟구칠 가능성이 컸다.

만약 인적분할로 진행되면 기존 주주들이 LG에너지솔루션의 주식을 받아 상장 과정에서 큰 이익을 기대할 수 있었다. 하지만 물적분할을 하게 되면 이익을 기대할 수 없으니 강력히 반대한 것이다.

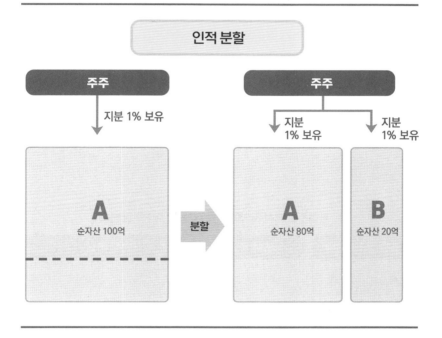

흥미로운 것은 비슷한 시기 LG가 LX와 분할을 할 때는 물적분할이 아닌 인적분할을 선택했다는 점이다. 그렇다면 왜 LG는 LG와 LX는 인적분할을 선택했을까? 바로 구본준 고문의 독립을 위해서였다. LG 그룹은 장자에게 그룹의 핵심 사업을 물려주는 대신, 다른 형제들의 독립을 위해 일부 사업을 나누어주는 원칙을 유지하고 있다. 지금까지 그 원칙을 지키며 분리된 기업들이 'LS그룹', 'LIG그룹', 'LF', '아워홈', 'LB 인베스트먼트', '희성그룹', 'LT그룹' 등이고, 이번에는 구본준 고문의 차례였던 것이다.

구본무 전 회장의 장손인 구광모 LG 회장이 그룹의 핵심인 전자, 화학,

[LG에너지솔루션의 분할 시나리오

(단위: %)

분할 전 LG화학		물적분할		인적분할			
㈜LG	30.09	㈜LG	30.09	㈜LG	30.09	㈜LG	30.09
국민연금	10.51	국민연금	10.51	국민연금	10.51	국민연금	10.51
소액주주	54.33	소액주주	54.33	소액주주	54.33	소액주주	54.33
		LG화학		LG화학		LG에너지솔루션	
		LG에너지솔루션					

기업분할 방식 차이에 따른 LG화학 주주구성 변화

통신을 계속 끌어나가고, 구본무 고문은 LG상사, 판토스, 실리콘웍스, 하우시스, MMA등의 계열사를 끌어가게 되는 것으로 계획이 되었다. 인적분할 후, 구광모 회장이 보유할 LX 주식과 구본무 고문이 보유할 LG 주식을 서로 교환(스왑)하였다. 그렇게 되면 구광모 회장의 LG그룹 지배력,

구본무 고문의 LX그룹 지배력이 강해지니 자연스럽게 분리된 것이다.

그렇다면 물적분할은 무조건 투자자에게 나쁘고, 인적분할은 투자자에게 무조건 좋은 것일까? 꼭 그렇다고만 볼 수 없다. 배당성장주 투자자 관점에서는 물적분할도 중장기적으로는 긍정적일 수 있다.

LG화학이 LG에너지솔루션을 물적분할해도 LG에너지솔루션의 지분 100%를 보유하고 있어 매출이나 이익은 같다. 또 LG에너지솔루션이 상장하여 LG화학의 지분율이 낮아지며 지분법 이익이 감소하더라도, 상장으로 유입된 현금을 과감하게 투자하며 빠르게 성장한다면? 그로 인해 이익과 배당금이 커지게 되면, LG화학의 지분법 이익과 배당 현금흐름도 크게 좋아지면서 LG화학에는 더 이익이 될 수 있다.

그렇기에 단기적인 시세차익을 위한 투자자의 관점에서 물적분할은 부정적으로 보이겠지만, 중장기적인 관점에서 배당성장 투자를 한 투자자에게는 긍정적일 수도 있는 것이다.

독자분들에게 드리는 선물,
주목 기업 50 + 배당성장주 관리 툴

이번 장의 QR코드로 들어가면 내가 직접 만들고 실제 투자에 활용하고 있는 '배당성장주 관리 툴' 구글 시트를 확인할 수 있다. 배당성장주 투자에 바친 지난 10년의 경험과 함께 계속 개선해 나가고 있으며, 이 툴 덕분에 현대차 우선주의 저평가를 알아채고 좋은 결과를 거둘 수 있었다. 또한 시트에 들어가 있는 기업들은 지금까지 분석한 1,000여 개의 기업 중 투자할만한 가치가 있거나, 계속 관심을 두고 지켜볼 만한 기업들이다.

이 툴의 핵심은 시시때때로 바뀌는 주가를 자동으로 갱신해 그 주식들이 내게 얼마나 많은 배당수익을 가져다줄 수 있는지 직관적으로 파악할 수 있다는 것이다. 현재 시점뿐만 아니라 10년 후, 20년 후 그리고 누적 배당수익률까지 계산해주기에 중장기적인 관점으로 비교할 수 있다. 이를 통해 매매 타이밍부터 매매에 이르기까지 명확한 이유와 함께 결정할 수 있을 것이다.

물론 그 성과를 거저 얻을 수는 없다. 스스로 꾸준한 공부를 통해 앞으로 예상되는 '연평균 지배순이익'(미국 주식의 경우 EPS), '배당금', 'CAGR'(앞으로의 연평균 성장률) 등을 입력하는 과정이 필요하다. (참고로 '주가'와 '주식수'는 구글 파이낸스에서 데이터를 받아 자동으로 업데이트된다. 하지만 보통 20분 정도의 시차가 있으며, 가끔 일정 시간 동안 데이터값을 찾지 못해 'N/A'라고 나오는 경우가 있으니 당황하지 않으셨으면 한다.)

독자 여러분 모두에게 공유한 문서여서 QR코드로 들어간 시트를 바로 편집할 수는 없다. 하지만 자신의 구글 시트로 복사해가면 자유롭게 편집할 수 있다. 처음에는 낯설고 어색하겠지만 이 책을 읽으며 관리 툴을 활용하다 보면 자연스럽게 익숙해질 것이다. 이 툴을 통해 통찰력 있는 투자자로 거듭나고, 성공적인 투자 결과를 얻을 수 있길 바란다.

관리 툴 사용법

1. 새로운 주식을 추가할 때 '주식명'과 '코드'는 처음 한 번만 입력해도 충분하다.

2. '지배자본총계'와 '부채비율', '유동비율'은 분기보고서가 나올 때마다 입력해 주면 된다.

3. '예상 연평균 지배 순이익'과 '올해 예상배당금', 'CAGR'은 자신의 예상에 따라 입력하고 변동사항이 있을 때마다 업데이트하자. 그에 따라 '총배당액'부터 '배당성향', '이익수익률', '배당수익률', '시총' 등을 도출할 수 있다.

4. '배당정책', '사업모델', 'CAGR 추산 근거', '주요주주와 경영진'은 예시를 바탕으로 스스로 공부하며 차근차근 갱신해나가면 된다.

돌아가는 지름길

배당성장주 투자는 굉장히 지루하게 느껴질 수 있다. 현대의 금융시장은 레버리지나 테마주 혹은 코인에 투자해 하루에도 몇십%의 이익을 낼 수 있는 시장이다. 그런 상황에서 1년에 겨우 5%~6% 이상을 목표로 하는 배당성장주 투자는 시시하고 지루해 보인다.

하지만 부자로 향하는 지름길처럼 보이는 투자들은 곳곳에 무서운 함정이 도사리고 있다. 운이 좋아서 몇 번은 몇십%, 몇백%의 큰 수익을 볼 수 있다. 문제는 한순간에 그 수익뿐만 아니라 투자했던 원금까지 잃을 수 있다는 것이다.

더욱 무서운 것은 중독이다. 매일 수십%씩 등락하는 수익률을 보면 어떻게 될까? 우리의 뇌는 과도한 도파민과 스트레스에 절여지고, 도박에 중독되는 것과 똑같은 현상이 일어난다. 결국에는 돈을 벌기 위해서가 아니라 흥분을 느끼기 위해, 도박하듯 거래를 하는 지경에 놓일 수 있다.

반면 배당성장주 투자는 안정적이다. 처음에는 시드머니와 배당금이 늘어나는 속도가 느리다고 느낄 수 있지만 시간이 흐를수록 성장에 속도가 붙으며 눈덩이처럼 불어나는 자산을 볼 수 있다. 꾸준한 매수로 주식과 배당금을 늘리고 배당금을 재투자해 복리 효과의 마법을 느끼는 것이다.

또한 주가 대비 높은 배당금과 함께 실적과 배당금이 꾸준히 성장하는 배당성장주의 주가는 어느 순간 급등하곤 한다. 이런 기회를 놓치지 않는다면 짧은 시간 안에도 자산을 크게 늘릴 수 있다. 비효율적으로 멀리 돌아가는 것 같지만, 막상 목적지에 도착하면 예상보다 빠르게 도착한 것을 깨달을 것이다. 그래서 나는 배당성장주를 '돌아가는 지름길'이라고 부르고 있다.

그리고 가장 중요한 것은 나와 나의 삶을 건강하게 만들어준다는 점이다. 기업의 성장과 꾸준히 늘어나는 배당금을 기대하며, 경제와 기업을 공부하고 더 잘 이해하게 된다. 성실한 근로나 사업으로 꾸준히 주식을 매수하며, 인내심과 꾸준함이 몸에 밴다. 더 성실하고 통찰력 있는 사람이 되어가는 것이다.

주식을 단지 시세차익을 내기 위한 도구로만 생각하지 말자. 주식은 우리가 엄청나게 멋진 기업의 주인이 되어, 그 기업이 벌어들이는 수익 일부를 받아낼 권리를 준다. 주식이라는 시스템이 없었다면 도저히 우리 스스로 만들어내거나 소유하지 못했을 그런 엄청난 회사들 말이다.

지금 이 책을 읽고 있는 대부분의 독자들은 많은 에너지와 시간을 투자해서 돈을 벌어야 하는 근로자(혹은 자영업자)일 것이다. 나 역시 몇 년 전까지만 해도 마찬가지였다. 하지만 좋은 배당성장주를 꾸준히 매수하고,

배당금을 재투자해나간다면 어느새 그 기업으로부터 받는 배당금이 내가 직접 일해서 버는 소득보다 더 많아질 것이다. 흔히 말하는 경제적자유, 배당성장주로 은퇴할 시기를 맞이하는 것이다. 이 책을 읽는 모든 독자가 그러한 시기를 맞이했으면 좋겠다.